NO ME PARECE
Los últimos meses de furia

JOSE BENEGAS

A los lectores de mi blog.

A los valientes estudiantes venezolanos que resisten la dictadura chavista, con toda mi admiración.

A todos aquellos que no están atentos a lo que se debe ver, decir o pensar.

Esta obra contiene los artículos del año 2013 y lo que va del 2014 de mi blog NO ME PARECE (josebenegas.com), después seguirán otras recopilaciones yendo más hacia atrás todavía. Creo que la línea de tiempo invertida será más útil para el lector que la histórica.

Seleccioné aquellas notas que contienen cuestiones que van más allá de los acontecimientos, porque si bien en el blog en general expongo mi visión sobre lo que está pasando en el momento, en muchos casos utilizo la actualidad para referirme a reglas generales, que es mi principal inquietud intelectual.

Lo que escribo no es "lo correcto". Lo aclaro porque noto que creer para pertenecer le está ganando una batalla de nuevo a la observación. Aunque mi óptica está muy influida por el hecho de haber pasado una década bajo un régimen delirante, estúpido, inescrupuloso y desagradable, que sin embargo consiguió apoyo masivo. De eso se trata el negocio del oscurantismo, en este caso me refiero al kirchnerismo, disciplinar a través de la estupidez, porque el que acepta una tontería obvia para pertenecer, se convierte en soldado de cualquier causa.

La benevolente figura del lavado para la corrupción K

El asunto en el caso Kirchner – Lazaro Baez – Fariña no es ni el lavado de dinero ni la evasión impositiva, es el asalto durante una década a las arcas del estado a la vista de todos. Los Kirchner jamás han escondido sus delitos, lo que hicieron fue llegar hasta el 2008 con una complicidad tan generalizada que quedará en la historia de la vergüenza nacional.

Al Capone fue apresado por evasión impositiva y siempre se señala eso como una genialidad, pero en realidad era pura impotencia, porque el mafioso más célebre de la prohibición no era un asaltante sino que hacía negocios en áreas que el gobierno había decidido prohibir, sin que hubiera víctimas. Era un delincuente porque su actividad iba acompañada de todo tipo de crímenes, pero no del robo. Vendía alcohol a quién quisiera comprarlo. El estado al prohibirlo dejó ese mercado sólo para a los delincuentes.

Con las drogas el problema aumentó porque los flujos de dinero se hicieron exorbitantes Esa prohibición a diferencia de la del alcohol, se hizo mundial.

Tampoco el dinero del narcotráfico es robado, pero ¿cómo

perseguir a los narcos internacionales por evasión impositiva?

No creo siquiera que exista acción por evasión por actividades sin víctimas que se encuentran prohibidas, porque no hay forma de pagar impuestos por algo que el estado decide que no se puede hacer, sin someterse al castigo establecido. Es decir, se transforma en la elección entre dos castigos, pagar impuestos se vuelve una confesión y una entrega, por lo tanto si en los tribunales se pudiera discutir todavía de cosas serias que definen al sistema político (cosa imposible), creo que las acciones por evasión contra un Al Capone no podrían prosperar con seriedad. Si yo fuera juez al menos, porque o la actividad está prohibida o se recaudan impuestos por ella, pero las dos cosas juntas no cierran desde el punto de vista lógico. Ni siquiera entro en la cuestión de que la evasión tampoco debería ser delito.

El invento del delito del lavado de dinero es más incoherente todavía. Resulta que se transforma en crimen no sólo una actividad sin víctimas sino un movimiento (del negro al blanco) que permite al estado cobrar impuestos, que antes estaban siendo "evadidos". Al Capone preso por evadir, y un señor X del narcotráfico por lavar, es decir por hacer algo para dejar de evadir. Gataflorismo penal del estado prohibicionista.

Lo único coherente (no digo justificado) por lo que se podría perseguir a Al Capone y a los narcos es por desobediencia. Esos son todos los delitos sin víctimas. Pero el estado no quiere asumir su autoritarismo.

Igual que los mafiosos los funcionarios ladrones hacen una exhibición orgullosa de cómo pagan impuestos, como si eso fuera un indicio de que la plata por la que pagan se la ganaron.

Acá viene la diferencia entre los narcos, Al Capone y ellos. Los primeros no robaron nada, se les debió inventar figuras o forzar otras. En cambio los lavadores de dinero robado al estado tiene como víctimas a todos los "contribuyentes" y al estado en lo inmediato. Lo que tienen no les pertenece.

Para los corruptos que se les diga que no pueden justificar el origen de sus fondos es una buena noticia, porque es un tema menor frente al hecho de que no es su dinero y si logran pagar impuestos son los tipos más felices del mundo. Total nada del monto imponible es de ellos.

Por eso, atención. Que el caso Fariña esté en el casillero de la evasión, es un síntoma más de la impunidad con la que los K se llevaron todo.

El proyecto de poder del autodenominado "garantismo

Según la doctrina autodenominada "garantista" cuyo representante visible es el señor Zaffaroni pero que es asumida como propia por el gobierno, la inseguridad callejera es una forma de expresión de la lucha de clases y quienes se quejan por ella son unos fanáticos, reaccionarios que odian a los jóvenes pobres. La causa de la preocupación por la seguridad está dada por la agitación que realizan los medios.

La solución podría ser entonces derogar las leyes penales y cerrar los medios, pero no la proponen. Necesitan el conflicto y que no haya ninguna solución, que la población no tenga nunca frente al poder y al uso de la fuerza posición legítima posible.

Algunos momentos de discusiones televisivas como las de un señor Gutierrez y Carlos Maslatón, dejaron al descubierto hasta qué punto la posición es dogmática en el sentido de que quejarse del delito es odiar a los jóvenes pobres.

Quiero aclarar que el abolicionismo sería infinitamente mejor que esto, que yo calificaría de punitivismo al revés. O punitivismo punitivinizado, algo bastante raro. Si la población supiera que no hay castigo al delito, no solo de hecho sino formalmente reconocido, en vez de linchamientos impulsivos y salvajes, se impondría a la larga la organización y la prevención. La gente se armaría, se entrenaría, tal vez tendría una policía voluntaria del mismo modo en que existen los bomberos. Seguro que la inseguridad sería menor. Pero entonces tendrían que devolvernos una cantidad de impuestos importante. No es la idea.

Cualquiera puede pensar que ese experimento sería muy arriesgado, pero convengamos en que estamos muy lejos de eso. No solo hay policías, tribunales penales, cárceles, sino que el jefe del "garantismo" está en cabeza de el poder punitivista formal. Zaffaroni es miembro de la Corte Suprema de Justicia, no de la Comisión Nacional de Sacapresos.

¿Qué es esto? Pura perversión. El verdadero punitivismo pone a la población a pedir punitivismo y la castiga, persigue, estigmatiza por hacerlo.

El punitivismo adopta la ideología abolicionista pero no para llevarla a cabo, sino para ejercer el poder sobre la gente asustada y culpabilizada. En el medio de semejante presión, las reacciones emocionales son tomadas como locura y las acciones que obviamente seguirán al proceso de deslegitimación del derecho de defensa, esto es lo que se han llamado linchamientos, son abordadas con el tipo de punitivismo que la misma gente está reclamando que se use con los delincuentes. A estos últimos se los trata con comprensión, por parte de los mismos que los meten presos mientras dicen que no deberían estar presos.

El último punto de la perversión está dado por el tratamiento al "pobre". Pobre es una categoría de gente que justifica que unos ricos privilegiados tiranicen a la gente en general. Pobre es el insumo principal del despotismo y a su vez su costo más evidente. Alto gasto público implica que para subsistir hay que tener una gran rentabilidad que permita estar en el circuito formal, el resto será ese insumo moral y político llamado "el pobre".

Los autodenominados garantistas esgrimen estadísticas como esta: el 57% de los presos son menores de 35 años y pobres (en el país que lleva una década de irracionalidad K). Y repiten algunos mantras como "la cárcel no sirve".

¿Qué hace un señor como Zaffaroni a la cabeza del sistema que manda a la gente a la cárcel a pesar de eso? Que lo explique él.

Las conclusiones que podrían sacarse de la estadística mencionada son muchas, incluso opuestas a las que quieren sacar los autodenominados garantistas. La más razonable será que con menos de 35 años se tienen más aptitudes físicas para delinquir en la calle y salir ileso. No nos cuenta nada acerca de cuál es la edad promedio del delincuente callejero, tal vez sea coincidente y por lo tanto no puedan fundar ninguna supuesta predilección del sistema penal por castigar a jóvenes. Lo que es seguro es que el robo en la calle es más probable que lo realicen los más pobres, los otros tienen ministerios a su disposición. Esto no tienen nada que ver con que sea una preferencia del sistema penal obtener este resultado.

Lo que no entienden, o no quieren entender porque en mi opinión esto no es más que un sistema de poder, es que la pobreza es la motivación para el trabajo mucho más que para el delito. Que la pobreza no es causada por falta de socialismo sino por sobra de socialismo. Pero esto tampoco lo discuten, el centro dogmático del zaffaronismo es bien reducido como para que lo pueda repetir un panelista de un programa de chimentos.

En cualquier caso no tienen ninguna evidencia más allá de su prejuicio de que la gente no quiera que la maten para robarle el reloj, o que la amenacen, o que simplemente la sometan al abuso personal y traumático de sacarle el reloj, sólo si el autor del acto es pobre y joven. Salvo gente muy anormal de la que se rodearán los autodenominados garantistas, asumo que a los demás nos daría lo mismo si fueran ricos y viejos.

La afirmación "la cárcel no sirve" también puede conducir a justificar los linchamientos. La cárcel es lo que el sistema civilizado ha encontrado hasta ahora para lidiar con determinado tipo de injusticias extremas y evita la venganza privada. Si no sirve habrá que tener una alternativa o resignarse a los linchamientos. Porque me parece que les va a costar convencer a las personas de que si "sirve" dejarse matar o robar, sentir la sensación de los hijos o cónyuges amenazados por un arma que les apunta. Todo eso que está fuera de la "sensibilidad" de los autodenominados garantistas.

El aspecto más punitivista de los autodenominados garantistas está puesto en la gente pacífica que es víctima del delito y que en su impotencia (dado que no sabe defenderse y les han dicho que está mal que lo hagan) sobre-reacciona. También en los militares que son la base de su mito fundante. Nunca se les ha oído decir en ese caso que la cárcel no funcione, de hecho el mismo grupo ideológico que promueve la parálisis represiva del delito y maneja el aparato represivo estatal, desconoce todo tipo de garantías o reglas del debido proceso cuando se trata de militares o de otros enemigos políticos del sistema a los que llaman "de derecha". Apoyan la violenta represión de la dictadura venezolana contra protestas pacíficas y son capaces de firmar solicitadas en apoyo de regímenes totalitarios como hizo Zaffaroni con la Alemania Oriental poco tiempo antes de la caída del Muro de Berlín, por considerarla "acosada".

No hay que interpretar estas cosas como contradicciones. Son métodos de dominación y parálisis. En muchos casos ni siquiera conscientes pero el ver cómo ninguna idea se lleva hasta las últimas consecuencias sino que se usan solo mientras le sirvan al emisor y no le sirvan al que reciba el mensaje, es la prueba palpable de la manipulación.

La estigmatización de los pobres jóvenes la realizan los autodenominados garantistas. Forman parte de la corriente de creación especulativa de pobrecitos que les permita ponerse en el lugar de protectores, por lo tanto dominantes de la situación. Es el clasismo como método de sojuzgamiento. El pobre es sometido al protector. Se lo trata como cosa sin voluntad, sin discernimiento y que actúa como una hoja movida por el viento de otros poderosos, cuyo único recurso es ser soplados por los protectores. El pobre violento ejerce una violencia que el protector aprueba, pero el cuerpo lo pone el primero.

Los autodenominados garantistas y el kirchnerismo utilizan la misma metodología, por eso se fusionan. Las alternativas que las personas comunes tienen frente a ellos son : El padecimiento silencioso frente a las condiciones que ellos crean, la incorporación a la banda o la estigmatización y el repudio. El denominado "pobre" está para comportarse como una víctima que depende de ellos, un súbdito dócil de su buenismo. El disidente, el disconforme, son enemigos y malos como de cuentos para niños.

El análisis meramente racional de sus expresiones sólo muestra contradicciones y disparates. El juego político sin embargo es perversamente coherente. Si fuera por los argumentos el estudio que encargó Perfil que muestra que el 63% de los que aprueban los linchamientos son jóvenes de ingresos bajos haría caer todo el edificio pseudo moral del autodenominado garantismo. Pero ningún relato manipulador está interesado en la realidad.

Terminemos con la venganza privada socialista y terminarán los linchamientos

Vale la pena examinar qué es lo que significa la sucesión de episodios de venganza privada que estamos presenciando en la Argentina.

El venerado estado no estuvo, ni para parar a los ladrones ni para parar a los que les aplicaron castigo inmediato. Porque el estado está para ser "bueno". Esta es la era de la corrupción, la opresión y el totalitarismo "bueno", por la bondad misma, que se alimenta de sus usinas y de muchas de sus víctimas que ponen en primer lugar la "bondad" ontológica de la que alimentan su ego podrido. La realidad, lo que significa y sus consecuencias, les importa tres pitos.

Por eso quienes dicen tonterías en cadena nacional, también pueden ser entendidos por la corrupción de estos abuelitos del Bebé de Rosmary con sus sonrisas dulces, porque aquellos son parásitos de esa ética.

Pero como digo, lo importante acá no son ni los crímenes ni sus víctimas sino que se mantenga la adscripción de los buenos a la bondad, que es lo que nos trajo a este punto.

Lo que pasa es que algunos tienen freno en su bondad y otros las llevan hasta sus últimas consecuencias como lo hicieron los grandes totalitarismos del último siglo, siempre épicos.

Esta mañana estuve soportando a los que quieren resolver nada más el problema que les causa a ellos la posible tensión entre su bondad (izquierdidad, develemos el centro de su pelotudez) y los linchamientos ¿Cómo explico que a los ladrones hay que castigarlos sin defender el criterio "neoliberal de justicia" y sin decir algo progre? Fundamental entonces alguna poesía y poner cara de circunstancia. Pues Fernández Díaz encontró la fórmula: La impunidad que practica el kirchnerismo con el crimen es "anarco liberal", dijo, para que no confundan su deseo de que mejore la seguridad con una herejía hacia su propia iglesia del sandwichito y la coca. Nunca nada sale mal porque alguien sea zurdo, siempre es porque no lo es.

El domingo me banqué a Majul diciendo que la economía K es "neomenemista liberal", porque él no se equivoca en su izquierdidad de proverbio de chicle bazooka, todo el que se equivoca por definición es porque está fuera de su iglesia de chocolate. Cuando las cosas no salen bien es porque los responsables han blasfemado.

Pero empecé a escribir esto para hablar del tema de las venganzas privadas en si. Termino tocando a la religión farandulera argentina porque me tiene muy podrido. Por suerte no soy de los que piensan que los sentimientos y sufrimientos justifican el crimen, si no ya sería un Robledo Puch.

Cualquier historia del derecho penal empieza por la venganza privada (que sea privada no significa que la privatizó Menem o que es liberal, Majul). Frente a un crimen, la víctima recurre a sus allegados y hace sufrir al criminal sin ninguna proporción entre el daño padecido y el que se hace padecer. Fácil de entender por el hecho de que el primer acto criminal puede no tener una motivación emocional, pero seguro la respuesta la tendrá.

Hoy tomamos como algo salvaje la idea de la Ley del Talión, que viene después de la venganza privada, pero consiste en la primera noción de proporcionalidad. El ojo por ojo y diente por diente era una forma de que el castigo no fuera más allá.

La última etapa empieza con Cesare Beccaría y su obra "De los delitos y las penas", que es la base del moderno "Derecho Penal Liberal" (ahora si Fernández Díaz). Ahí el problema es la violencia organizada y sus abusos, es decir el estado y no solo la venganza de las víctimas. Se establece el procedimiento legal, objetivo, para conocer los hechos. Se configuran los fundamentos de la responsabilidad individual frente a los actos criminales, el principio de legalidad de que nadie puede ser penado sin una ley anterior que defina el hecho como delito, el derecho de defensa, etc. Su núcleo puede leerse en el artículo 18 de la Constitución Nacional, la original (la liberal, Majul).

El derecho penal liberal persigue un método sistemático para hacer justicia frente al crimen sin cometer a su vez injusticias. Es apoyado por la permanente tensión de la refutación. Podría no ser la última etapa del tratamiento del crimen pero es un gran avance en el desarrollo de la civilización. El proceso se basa en el debate entre defensores y acusadores, vistos por jueces que tienen la última palabra y todos ellos están sujetos a reglas. El fin es que se castigue el crimen sólo cuando corresponde y sólo en la proporción que corresponde.

Ahora si vienen los buenos a meter basa en esta historia. No a pensar otras formas de tratar el delito más eficientes, sino a comprender al delincuente y dejar de comprender a las víctimas. Ellos nos contaron con Zaffaroni a la cabeza que la sociedad es injusta ¿Alguien conoce a la sociedad? La sociedad no nos hace nada, fulano y mengano si. Ellos se preguntan sin embargo cosas como ¿es injusto el crimen o es injusta la víctima que es capitalista, egoísta y de derecha? Lo que dieron vuelta no fue sólo al derecho penal, sino al criterio de justicia.

Para estos mal llamados garantistas (porque el único verdadero garantismo es el Derecho Penal liberal) la sociedad es injusta porque no rige su amado socialismo, es decir la igualdad. Igualdad vendría a ser una condición de la que la providencia se olvidó y ellos serían los llamados a salvar el error. Ese socialismo y su igualdad que están recontra refutados no solo en su base teórica, sino por los resultados monstruosos de genocidio, sufrimiento y pobreza extrema a los que conduce. Por si alguien cree que ser bueno es gratis.

Pero no les importa a estos creyentes, porque como a nuestros analistas del comienzo, la cuestión es que sobreviva la explicación que los hace buenos y restauradores del bien. La realidad, para decirlo en términos que expresen que cansado me tienen, les chupa un huevo.

Si alguien piensa que se preocupan por el pobrecito ladrón al que mataron a patadas, se equivoca. Les preocupa que se mantenga el supuesto de bondad (izquierdismo a lo Tognetti) al que han adscripto y sin el cual serían como nosotros. Los muertos son siempre instrumentos de la bondad. Tampoco les importan los que eran víctimas del ladrón, primero porque el manual dice que los buenos ya no pueden estar con los que son robados, sino con los que tienen "necesidades" (como los ladrones y los "formadores de opinión"). Segundo porque atacan a un ladrón, en lugar de preguntarle cómo se llevaba con su mamá y su papá.

Es decir, los llamados cultores del "garantismo" no están preocupados por garantías, sino que creen que crimen es que alguien tenga lo que yo quiero o necesito y no me lo entregue. Lo que reivindican a partir de ahí es una especie de venganza privada, pero esta vez el que se venga es el criminal y no las víctimas (ellos nada más usan estos apelativos al revés). La sociedad injusta nunca es sometida a un juicio con un procedimiento legal, ni tiene derecho de defensa. La "justicia" se hace en la calle sin ninguna proporción, igual que en las cavernas cuando se les decía buenos a los que ahora se les dice malos y viceversa. Si la "sociedad" es injusta con el asaltante callejero como piensa "Zaffaroni" y toda la santa iglesia de la buenitud de los recaudadores de pauta, ellos lo que hacen es habilitar la etapa primitiva de la punición por medios privados, en nombre del socialismo en el (y del) siglo XXI. El ladrón se sirve por si mismo, como se satisfacían solos los parientes de la víctima en esa etapa no civilizada.

Ambos primitivismos tienen un solo remedio. Volver a la ley. Es la única forma de convivencia. Ninguna persona tiene que aceptar un crimen con el fundamento de los traumas del criminal. A los que no somos buenos como Stalin, el Che Guevara o Pol Pot, no nos importa nada si el tipo que nos apunta con un arma era maltratado en el colegio, no consigue trabajo o está casado con Diana Conti. Es más, tan malos somos que nos alegraría saber que le pasa todo eso junto, dado lo que nos está haciendo. Lo único que pretendemos es que no nos apunte, defendernos de su agresión y que después haya un cauce legal, racional y debido para que reciba un castigo, de modo de no tener que llevarlo a cabo por nosotros mismos; de modo que no nos hagamos igual que él. Porque si lo hacemos, seguro que nos pasamos de la raya.

El punto es que en esta maroma lubertinezca, asombrarnos por las reacciones de la gente es tan idiota como hacer moralina con los que roban pan en un campo de concentración. Están todas las condiciones dadas para que ocurran todas estas cosas que estamos viendo, hagamos algo con las causas y no admoniciones fuera de lugar con las consecuencias. Esas condiciones incluyen el alto nivel de delito y su complemento perfecto a la hora de generar una explosión: la opresión buenista que requiere nuestro sacrificio en nombre de la "auto distribución de la riqueza" y nos pone en el lugar de los malos por no aceptarlo, junto con el broche de oro de la discusión de un nuevo Código Penal que se fundamenta en que culpa de los diarios "de repente" ese cuerpo legal se ha vuelto "punitivista" en lugar de amoroso y comprensivo con el tipo que termina linchado.

Buenas noticias, el sistema educativo no existe más

Asistimos otra vez al espectáculo de la puja entre el sindicato de "docentes" y el sindicato de políticos, por repartirse una torta de 200 mil millones de pesos en la Provincia de Buenos Aires destinados a producir esta ciudadanía que vota a esta gente, que cree en estas cosas y que contesta en las encuestas que no quiere que le saquen el fútbol para todos. En el medio unos padres preocupados por qué hacen con sus hijos en el horario escolar. Lo único que no tenemos que hacer es llamarle a este ritual cavernícola "debate educativo". La Argentina de Sarmiento es irreconocible, salvo en la película Idiocracy de Mike Judge.

Todo esto es de un anacronismo tal que dan ganas de ponerse a llorar, pero por suerte la evolución juega a favor de la solución. El sistema público de des-educación ya desapareció, lo que queda es la danza sindical-inflacionaria como recuerdo y la necesidad de los padres de despertar al hecho de que ya no lo necesitan para nada. Lo cual todo indica que ocurrirá en esta generación, tal vez en esta década.

Si uno pone en el buscador de Youtube "enseñar a escribir a los niños" o lo hace con cualquier otra materia, desde matemáticas a filosofía, hay dos doctrinas místicas que van a desaparecer. Una la de los bienes públicos, según la cual hay una racionalidad tal que el autoritarismo es indispensable para que los particulares sean obligados a producir cosas maravillosas que no producirían por si mismos y que sólo el comisario del pueblo advierte que se necesitan. La segunda la necesidad de que exista un sistema educativo centralizado.

La oferta de educación gratuita en la red es abrumadora, en todos los niveles. La última novedad en internet son los llamados MOOC, la sigla en inglés de Cursos Abiertos Masivos Online, organizados por las mejores universidades del mundo, sin cargo alguno, disponibles para quién quiera aprender algo.

La obsolescencia no es sólo del sistema totalmente estatal, porque la llamada educación privada es nada más que una tercerización del mismo sistema que imita al estatal y que sigue sus pautas y contenidos.

Si este sistema como lo conocíamos sigue en pie es porque responde a intereses políticos y sindicales y sobre todo a la necesidad del estado de propagar su doctrina de supervivencia recaudatoria.

Esta mañana escuché a la ministra de educación de la Provincia de Buenos Aires decir que el gasto en el rubro educativo alcanza los 200 mil millones de pesos. Según el censo del 2010 los "beneficiarios" de la educación común en la Provincia alcanza a los 3 millones 800 mil alumnos. Si redondeamos en 4 millones y hacemos una gruesísima cuenta nos da unos 4166 pesos por alumno por mes de gasto. Mal gasto. Generaciones de estos alumnos votaron a Cristina Kirchner dos veces.

Pero bueno, supongamos que para mucha gente esos resultados no significan lo que yo creo que significan. De cualquier manera con Youtube, contratando un plantel de cien buenos maestros a sueldos como los que se le pagan a los de la Cámpora para auto satisfacerse, el estado hasta podría proveer su propio contenido anacrónico pero con la mayor calidad. Contratando una cantidad de instructores entre los egresados de los mismos colegios que engrosan la masa de los "ni ni" que recorran las casas para mostrar como usar la red, lo que hoy conocemos como "sistema educativo" con todas sus limitaciones, tendría una calidad muy superior a una ínfima parte del costo.

Queda por supuesto el problema de qué hacen los padres con sus hijos para poder ir a trabajar. Lo primero que deberíamos hacer es no llamarle a eso "problema educativo" por respeto a la palabra educativo y también a la palabra problema. Eso es tan sencillo que no vale la pena ni detenerse.

Pero si vamos al fondo de la cuestión en serio, no importa nada lo que hagan Baradel, ni Scioli ni lo que digan todos los comentaristas mediáticos con su moralina de los pobres alumnos y la generación de argentinos del futuro que poblarán las bancas de diputados algún día. No importa porque van a desaparecer antes de enterarse. Un día Google va a soplar y no vamos a tener más noticias de ellos. No falta mucho.

Era para el otro lado. El nuevo colapso de las recetas "antinoventistas"

La década del 90 terminó con dos grandes crisis. Una de carácter económico institucional y la otra moral. La primera protagonizada por el estado manejando la moneda e inundando el mercado de dólares como endeudamiento para sostener el gasto público, la segunda desatada por el estatismo reivindicativo representado por la izquierda nacionalista. Fue el estatismo el que impuso su explicación del 2001 y es el estatismo el que trajo esta crisis de la Argentina progre. Se estableció como dogma que lo que estaba mal era lo que estaba bien y viceversa, pero no fue lo que criticaron sino lo que aplaudieron lo que generó el cataclismo del 2001.

Por un lado en los 90 el estado se quitó todo el lastre de las empresas públicas y por el otro el gasto público combinado con convertibilidad sobre el dólar, generó crecimiento de los precios de los bienes no transables y el deterioro del valor de las exportaciones, lo que terminó en una gran recesión[1]. Las exportaciones fueron reemplazadas por el ingreso de dólares como deuda pública dirigido hacia el gasto estatal.

Esa inconsistencia no podía sino terminar como terminó, pero eso no formaba parte del discurso crítico de aquella década salvo para una pequeña minoría. El resto pensaba que en primer lugar Menem era malo. El pecado era la primera explicación y se manifestaba de distintas formas: en las denuncias corrupción de la "entrega del patrimonio nacional", en la presencia de los de la UCEDE que habían contaminado al puritano peronismo, en las "privatizaciones mal hechas" y en otras causas en general morales.

Solo para aclarar, privatizar es sinónimo de liberar, de quitar la intervención de la autoridad, de permitir al sector sin poder actuar en una determinada área. La "privatización mal hecha" es un sinsentido conceptual. En todo caso una privatización puede ser insuficiente, parcial, pero el problema no es la parte privatizada sino la no privatizada. En muchos casos aquellas privatizaciones fueron si insuficientes, temerosas o rodeadas de tantas regulaciones que no se pudieron apreciar tanto sus beneficios, pero el cambio en los servicios fue impresionante en muy poco tiempo. Si se podría haber avanzado más es una cuestión contra fáctica inútil de analizar, lo que estaba claro al fin de ese período era que había que avanzar más pero se eligió retroceder.

Uno de las mayores errores que se cometieron en las privatizaciones fueron los organismos de control diseñados para tranquilizar los espíritus de los que se ponen a llorar si no ven un comisario cerca. En el mercado el control lo hace el consumidor si se le permite ser único e inapelable árbitro. Pero al contrario parte importante de la crítica a las "privatizaciones mal hechas" era la "falta de controles". Los problemas en los servicios no eran por falta de vigilancia de burócratas, sino por la parcialidad de las privatizaciones, es decir, por la subsistencia de controles. Los organismos controladores famosos cuya omnipresencia pedían los que reclamaban "calidad institucional" (concepto hueco como pocos), no solo no servían para nada sino que terminaban siendo una forma de justificación de las empresas monopólicas ante sus incumplimientos, mientras la gente no podía cambiar de proveedor, que es el único control necesario.

Sin embargo la gran falta moral de aquella época no tenía nada que ver con coimas sino que era aquella en la que los críticos estaban más de acuerdo, esto es, el gasto público. Por eso la Alianza encaró el problema intentando aumentar la recaudación fiscal y así fue como De la Rúa derrapó definitivamente, sin Cavallo primero, con Cavallo después.

En paralelo crearon lo que llamó Chacho Alvarez el "circo" para entretener con cazas de brujas a la gente a la que habían enardecido. La persecución del mal es el expediente perfecto de todo mediocre desorientado. Y si hubo un ejemplo perfecto de mediocridad y desorientación en nuestra historia, ese fue Chacho Alvarez.

En materia de privatizaciones lo que hizo de la Rúa fue eliminar para siempre toda posibilidad de desregulación del sector telefónico, que era automática a partir del año 2000. La Alianza hizo eterno el monopolio con el que se había pagado a las empresas el hacerse cargo de los empleados de ENTel.

La segunda contrarreforma, por llamarla de alguna forma, fue protagonizada por un señor muy enojado en lo personal con Menem que fue Eduardo Duhalde que había fundido a su provincia y puesto al banco oficial en situación de quebranto como uno de los causantes de la crisis bancaria del 2001. Duhalde aliado con Alfonsín que había fundido al país en los 80 quería terminar con la convertibilidad, pero para desatar el gasto público. Contó con mucha ayuda del diario Clarín, de los cruzados de la moralidad que explicaban que el deterioro de las finanzas públicas se debía a "operaciones de lavado de dinero" (Carrió, Cristina Kirchner, Ocaña, etc.) y que sirvieron para desviar la atención.

La tercera versión de antinoventismo vino con el kirchnerismo, otro invento de Duhalde para enterrar de manera definitiva toda posibilidad de la Argentina de ser normal. Con el kirchnerismo ocurrió la reivindicación definitiva del estado, la glorificación del comisario del pueblo y la demonización del sector privado en el sentido más fascista posible y se instaló la corrupción pero no ya como una cuestión marginal sino como sistema político. Oligarquía y poder, manejo de lo público como privado se hicieron tan normales que en este momento asistimos al traspaso al señor Tinelli del fútbol estatizado como si perteneciera a la señora Kirchner. El estatismo por el estatismo mismo fue ayudado por un cambio tal en las condiciones del comercio exterior que hasta de la Rúa podría haber sido convertido en genio y por el piso en el que había quedado la economía Argentina después del 2001. Sin embargo con tanta irracionalidad no desafiada nunca por una oposición que acompañó acobardada la construcción de una dictadura sin uniforme, la fiesta se acabó otra vez.

Sería triste que no se entendiera cuál es el "modelo" que colapsa ante nuestros ojos y en eso por desgracia la influencia del Papa con su visión antimodernista en este momento es nefasta. Los noventa terminaron en una gran crisis, pero los motivos eran los opuestos a los que esgrimió la izquierda nacionalista autoritaria. Era el estado y su gasto, el endeudamiento público, las regulaciones remanentes del sector servicios, la hegemonía del gobierno nacional y la incompatibilidad de todo eso con la convertibilidad. No era la maldad, ni la falta de izquierdismo, ni mucho menos ningún "capitalismo salvaje" porque el sistema de "estado de bienestar" nunca se tocó y fue gran parte del problema. Había un obstáculo serio pero estaba mal lo que se pensó en estos diez años que estaba bien y estaba bien lo que en estos diez años se supuso que estaba mal. Por desgracia todos hicieron seguidismo de la locura oscurantista de la época de estatismo más idiota que se pueda recordar, incluida por supuesto la prensa que ahora está inventando que hubo un kirchnerismo bueno como el relato que los dejaría a salvo de su complicidad.

De la Rúa tumbó el barco con todo en contra. La nueva ola progre, que incluye gobierno, gran parte de la oposición y casi la totalidad de la opinión publicada ahora enfrentada al oficialismo por las formas, volcó una calesita con todo a favor y se consumieron una época de bonanza extraordinaria. La Argentina necesita volver al punto de partida y tomar el otro camino. El que descartó por el pánico del 2001.

Tal vez haría falta empezar esta historia por el desastre ocurrido durante la década del 80 en el populismo alfonsinista, pero sería muy largo. Alcanza con decir que el rumbo tomado por Menem fue inevitable con todo sus tropiezos por la experiencia que lo precedió. No se trató de una comprensión profunda de 60 años de estatismo con alta inflación, por lo tanto esperar una gran coherencia en el cambio era una verdadera tontería.

Ahora si, después de haber ensayado todas las formas posibles y no posibles de estatismo suicida para reaccionar contra aquella década es hora de dejar de probar con la misma receta.

---

[1] Ver La convertibilidad argentina Juan Carlos Cachanosky.

http://www.biblioteca.cees.org.gt/topicos/web/topic-847.html

Semana de furia y el doble efecto Sobremonte

Los cordobeses vivieron en carne propia la paradoja política de sostener con altísimos impuestos e inflación un estado nacional que se declara prescindente cuando sus vidas y propiedades están en peligro. El kirchnerismo ha provocado por su torpeza y espíritu vengativo el "efecto Sobremonte".

Así como el marqués de Sobremonte, virrey del Río de la Plata, abandonó la ciudad en 1806 con "la caja", dejándola librada a su suerte, Cristina Kirchner dijo una vez más "el estado es mío", pero cometió el mismo error de aquel personaje histórico. Aquella vez los porteños entendieron su realidad, el sometimiento era sin contraprestación. Tres años después de la segunda invasión inglesa ocurrió la Revolución de Mayo.

Como si hubiera querido sumar motivos a mi afirmación de que las provincias deben independizarse, lo que hizo el oficialismo fue como Sobremonte emprender la retirada y develarse.

Pero hay algo más. Parte del mito fundante del despotismo nacional socialista en el que estamos es el odio a la policía por su función de detener al crimen. El neo-patriotismo que se enseña en las escuelas se identifica con bandas armadas que buscaban instalar un sistema totalitario en los 60 y 70 y la policía representa el aspecto del estado que los pone en evidencia como enemigos de la vida y la propiedad de la gente indefensa. Esto ya no tiene que ver con crímenes en particular que se hayan cometido desde la policía para responder a aquella violencia. En un proceso que lleva ya más de treinta años lo que se ha hecho es deslegitimar a la función policial en sí, así como hemos pasado de castigar la ilegalidad de la represión a conceder honores a los terroristas. Que tengamos seguridad y que los de la policía sean "los chicos buenos" pone en peligro la pretensión de heroicidad de los delincuentes jubilados, reduce la "revolución" a una serie de tipicidades del Código Penal.

Sin embargo el punto al que ha llegado la política de inseguridad ya permite hacernos preguntas más profundas sobre el rol del poder público, como una segunda parte del efecto Sobremonte. Hasta acá estamos pagando unos aparatos policiales gigantes, con gente mal remunerada, insatisfecha, mal tratada, atada de manos, tentada cuando no ganada por el narcotráfico. Son capaces de autoacuartelarse y permanecer impávidos mientras Córdoba es saqueada, lo que demuestra su deterioro moral profundo. La pregunta que sige es ¿Cuánto tardaría la gente en organizarse por si misma para defenderse de un modo más eficiente, seguro, barato y confiable que el estado por medio de la policía?

Anarquía fue la palabra más usada por los observadores

cercanos del problema, pero ampliemos la mirada. La retirada (explícita) de la policía estatal no dio tiempo a nada. Hubiera sido lo mismo si un día ENTel hubiera cerrado y con una visión corta llegáramos a la conclusión de que el estado no era tan malo en la materia, algunos teléfonos al menos funcionaban ¿Hubiéramos dicho que el cierre de ENTel era anarquía o el propio fruto de la inoperancia?

Lo que vivimos fue la última deserción de un sistema policial acabado y gente que vive bajo la ilusión de ser protegida pero no lo está, más allá de la pizzería que paga su peaje. La indefensión de la población es parte vital del monopolio policial y también del negocio de los delincuentes (me refiero esta vez a los de calle, no a los electos).

Los ciudadanos son incentivados a renunciar a su defensa y dan como un hecho la omnipresencia estatal. También ha deslegitimado el nofascismo el derecho a defenderse, porque si la gente se defiende quiere decir que está mal atacar, mientras ellos nos quieren convencer de que era una muestra del amor que tenían por el país. Su auto-indulgencia requiere que defenderse también esté mal.

El hecho es que nadie estaba preparado para un cierre policial pero a pocas horas de desatada la violencia se organizaban empalizadas para detener a delincuentes en motos. Así se reaccionaba al vacío dejado por la policía. Si alguien imagina que una Córdoba sin policía hubiera perpetuado el dominio de las bandas de las primeras horas, se equivoca. Esos grupos son la contrapartida del equilibrio que la policía estatal supone, que avanzan ante el retiro de su contrincante y muchas veces socio. Son cazadores en el gallinero armado por el propio estado.

Con mucho menos esfuerzo de lo que hacen los cordobeses para mantener a la policía podrían organizar la seguridad de sus barrios, aunque no todos contribuyeran (igual que ahora). Los decentes son muchos más que criminales, solo necesitan tiempo para organizarse, pero no hay duda de que es gente más inteligente, creativa y productiva. Las bandas perderían toda rentabilidad porque no entrarían en los barrios de clase media así como no pueden actuar con impunidad en las zonas marginales porque ahí, donde no hay policía, se les responde en sus propios términos y hay poco de qué servirse. La importación de botines desde los mejores barrios terminaría y con ella el negocio del delito. El robo al vecino es de altísimo costo.

Hoy por derivación de este segundo efecto Sobremonte millones de personas honestas y pacíficas están pensando en todo el país en cómo defenderse. Habilitar esa inteligencia el sentido de autodefensa tendría un efecto sobre el crimen fulminante.

Hasta aquí la policía apenas viene sirviendo como chivo expiatorio entre los que glorifican sus delitos del pasado y los que tienen la ilusión de la caballería llegando. Cada vez que actúan o lo hacen mal de verdad o son culpabilizados de manera injusta. La fuerza policial que haría real el sentido protector del estado sólo concentra el pecado y se asocia al crimen porque de todo lo que los rodea parece ser el orden que les resulta más confiable.

De los problemas no siempre se sale por el lado de dónde vienen, a veces hay que saltar por encima de ellos como en 1810.

El presidente Obama y su miedo a ser Argentina

Si los republicanos conocieran la historia del estado de bienestar argentino, pondrían en aprietos al presidente Obama después de decir que no quiere que los Estados Unidos se conviertan en otra Argentina. Enterado de los resultados que muestran los saqueos en Córdoba y otros disturbios que le dan al país su fama de fallido, Obama no sabe que la Argentina es el país que ha llevado hasta sus últimas instancias el mismo tipo de soluciones que está intentando defender con la comparación. En gasto público descontrolado además somos expertos. Los presupuestos a pesar de que se sabe que están llenos de falsedades se aprueban sin discutir y el gobierno alega tener derecho a ello por ganar las elecciones, como si los diputados y senadores tuvieran menos legitimidad y carecieran de sus propias responsabilidades alejadas de los deseos presidenciales. Hasta en eso se parece el país a su proclamado ideal.

A la Argentina le han sobrado obamas a la enésima potencia, todos sus políticos lo son y llevamos varias generaciones de acumular políticas asistencialistas. A Obama le gustaron las apelaciones del Papa contra el mercado, lo que no sabe es que ese es el pensamiento más común entre los Argentinos. No sabe que lleva décadas el país del más exhaustivo estado de bienestar y que existe la llamada asignación universal por hijo donde los que trabajan tienen que aportar para sostener a los que tienen hijos y que esto fue una iniciativa de la oposición. No sabe que se pagan jubilaciones sin aportes y que la educación y la salud son completamente gratuitas. Que los obamistas quieran pensar que la pobreza actual sea consecuencia de todo lo que aún no han hecho contra el mercado, es sólo producto del dogma irreductible de que la libertad lleva al pecado.

Lo que el presidente observa como falta de equidad, entre unas hordas sin ley y unos comerciantes (que luchan contra la pobreza) no es el correlato de ausencia de "políticas sociales", es el espectáculo cada vez más común en el país con los políticos más "buenos", "conscientes", izquierdistas y peronistas que existan, que podrían votarle con dos manos todas sus iniciativas y coincidirían con él en que la solución es gasto público y aumento del poder estatal.

Más allá de que se comparta o no lo que el presidente de Estados Unidos quiere hacer en el mercado de la medicina que merece muchos matices, se lo considere eficaz o no o que hay otras maneras de resolver el problema, lo indudable es que la Argentina no le sirve para demostrar lo que quiere demostrar sino todo lo contrario. Lo que hace el presidente de Estados Unidos en realidad es confirmar su prejuicio en cuanto a que la marginalidad y esas mayorías sumergidas al lado de minorías privilegiadas son consecuencia del mercado y jamás podrían asociarse con el buenismo del estado de bienestar que propugna. Eso es algo que los partidarios de ese sistema están ciegos a ver. Están tan enamorados de sus intenciones y de lo que creen que dicen de si mismos que todo lo malo que pase no puede ser culpa de ellos sino de los que están enfrente.

El populismo en cambio si sabe que para que exista un bienestar decidido por la política en contra de las relaciones que se establecen en el mercado por propia voluntad y en los términos de quienes participan en él, tiene que tratarse a la población como aves de criadero y matarles dos cosas. Por una parte sus instintos y capacidad de sobrevivir y por otra su moral, en la medida que el sudor de la frente no es la fuente del bienestar sino la habilidad de victimizarse. Una sociedad moralmente quebrada y destruida en su capacidad productiva es materia prima para esta moderna forma de esclavitud llamada populismo. También sabe este populismo que cuando el político reparte, sea con un criterio miserable o con un altruismo digno del Vaticano, dado que el acceso a las decisiones es más escaso que cualquier bien del mercado, inevitablemente se crea una casta privilegiada al lado del criadero. Hay criados y criadores y como la fuente empresarial de los recursos es directamente perjudicada por los costos, esta se achica, con el agravante de que con el cambio de valores hasta la empresa aprende el juego de la victimización y que los gobernantes (sean ángeles o demonios aprovechadores), pueden protegerlos de los consumidores y la competencia. La economía se pauperiza y la subsistencia de esas empresas que son cada vez menos dada la dinámica del sistema aparece como más indispensable y aquellos que propugnan que se deje de protegerlas son tomados como locos.

Los populistas saben que el buenismo es una gran mentira que genera una bola de nieve de perversión y pobreza, sólo mantiene lo que los buenistas creen de si mismos y su poder. Y que ese es el negocio más suculento e impune para los sátrapas que pueda haber. Nunca se había considerado al absolutismo como benéfico.

La gente que realiza todos los saqueos viene de los barrios más asistidos, gente tal vez sólo asistida y sin otra fuente de subsistencia, a la que no le asigno la responsabilidad. Han pasado por nuestros colegios tal vez, ninguna cosa buena moral sale de ahí sobre la sociedad, sino una serie de alegorías ficticias acerca de la gloria del estado y de la autoridad. Son de alguna manera el producto de una sociedad que decidió abandonar los principios por los resultados y se ha quedado sin los principios y sin los resultados.

Claro que hay países que han practicado esto con una cierta prudencia y en dosis muchos menores, siempre respetando a los que trabajan (mercado) porque al menos saben que es la gallina de los huevos de oro. Al político argentino esto no le importa en lo más mínimo, cuando se menciona una empresa en el Congreso es para hablar mal de ella. El obamismo argentino es fanático, dogmático y excluyente. Los que no comparten esa fe se muestran encima vergonzantes.

Le diría al presidente de Estados Unidos que lo piense.

Cualquier país puede transformarse en la Argentina, precisamente por los motivos que él no sospecha.

Las provincias deben independizarse

El primero de Mayo de 1853 y después de cuarenta años de divisiones e incoherencias políticas, la Argentina logró la unión nacional sancionando una constitución. No se trata solo de la piedra fundamental del sistema jurídico y político del país, sino también de un pacto federal por el que las provincias históricas dieron origen al estado nacional bajo sus condiciones.

Un siglo y medio después mucha agua ha corrido bajo el puente. De la primitiva autonomía provincial queda poco. Al costado del sistema constitucional se erigió una realidad política que lo sobrepasa, unitaria, despótica, con gobernadores que sirven al partido oficial y una presidencia omnímoda que de acuerdo al pensamiento que predomina carece de responsabilidad. La facción que gobierna lo hace a través de una caja con la que somete a los gobernadores y mantiene a sus partidarios a los incentiva a hostilizar a los ajenos.

Peor es la situación del fundamento liberal de aquél pacto de unión, no solo ha desaparecido sino que coinciden todas las ofertas partidarias más relevantes en rechazar los principios que además de dar origen a la Argentina como país en aquella constitución, motivaron el inicio de su proceso de independencia.

La Argentina de 1853 no existe más y por lo tanto tampoco el compromiso de las provincias que ni siquiera cuentan con la posibilidad de contar con sus propios recursos. El estado nacional a su vez no presta servicio útil alguno al ciudadano, es un enorme barril sin fondo del que distintas bandas se quieren apoderar invocando cualquier doctrina justificatoria a mano. Se trata de un negocio que no tiene vestigios de orden legal, cuyo fin es servir a los objetivos de una banda a cargo con la anuencia explícita o la indiferencia de otras bandas en competencia.

Los recursos de muchos municipios alcanzarían para financiar todo tipo servicios públicos locales por mucho menos de lo que el estado nacional les extrae.

Todo esto lleva a una conclusión que ya es obvia. El estado nacional no sirva para nada y las condiciones que obligaban a las provincias a mantenerse unidas a la nación han desaparecido para siempre.

El debate sobre la independencia de las provincias debe comenzar.

La violencia populista

Max Weber con total realismo definió al estado como la forma de violencia institucionalizada. Comparado con la manera en que es invocado el estado en la actualidad (no solo en los países populistas), la definición podría desconcertar a más de un desprevenido. Pero es así, el estado manda y cobra sin preguntar. Se impone. Se podría trazar una exégesis de lo que hoy consideramos el poder establecido y la dominación de tipo patriarcal que el mismo autor examinó con todo detalle. Se trataba de un tipo de dominio ilimitado en lo formal, pero sustentado en prestaciones y contraprestaciones. Una forma de protección supone otra de obediencia en lo que yo llamaría poder consentido. Si esa relación es de hecho o de derecho daría para una gran discusión a mi juicio, pero en tanto no se lo cuestiona, nada más continúa de un modo en algún sentido natural.

La institucionalización vendrá después, cuando haya que explicar más la cosa y el vínculo prestacional no sea tan claro. Cuando el patriarcado quiera extenderse a los no protegidos, por distinguirlos de algún modo, a los "hombres libres" en sentido estricto. El poder es entonces con más nitidez "político" y tiene que encontrar una justificación porque no es tan evidente que convenga a ambas partes. Este será el campo del "relato", del mito o de la simple simulación que hará correr ríos de tinta en busca de una "legitimidad". El hecho es que llegamos al estado moderno como esa violencia cargada de reglas, institucionalizada y de alguna manera pretendiendo un vínculo patriarcal entre gobernantes y súbditos que incluso no serán llamados de la esa manera. Lo que llamamos "poder público".

La institucionalización supone ahora varias cosas como por ejemplo que el poder político es una extensión de nuestra voluntad (democracia), que nos protege, que se guía por reglas objetivas, que actúa (agrede) en función de nuestros intereses tomados de manera general, que existe una igualdad ante la ley y que esa ley está por encima del gobierno. La violencia del poder está encorcetada bajo el concepto de "bien común", bastante discutible de todos modos.

Estos elementos que dan peso al complemento institucional y dominan o tornan inofensiva para las personas pacíficas esa violencia, es lo que nos mantiene libres a pesar de no ser nosotros "el poder" en realidad.

Pero imaginemos que ese poder atado pierde sus reglas. O que las reglas lo son en sentido formal porque al examinarlas comprobamos que dicen que el poder hace lo que quiere. Por ejemplo dice "derechos humanos" cuando la arbitrariedad alcanza a los propios de la facción y dice "presencia fundamental del estado" cuando el disciplinado es un extraño, un "otro". Es decir que no son verdaderas reglas, instituciones, sino propaganda de algo que esconde otro tipo de cosa. Supongamos que nuestra voluntad está muy restringida, que votamos tal vez pero muchos de los que votan dependen del gobernante y no al revés, con lo cual nuestra participación en las decisiones se ve disminuida de modo notable por intereses que nada tienen que ver con nuestra protección y a su vez los otros que aparecen votando en realidad se parecen más a verdaderos siervos. Es más, el poder es ejercido para favorecer a los que mantienen con el poder un flujo de prestaciones y contraprestaciones en el que ya no somos unos súbditos protegidos sino el pato de la boda. Supongamos que el poder se nutre de activar a una masa importante de la población en nuestra contra, convirtiéndonos en enemigos del estado. Supongamos que las reglas objetivas ya no existen sino que tienen nombre y apellido, que lo que es válido para los amigos no es válido para los enemigos. Es más, bastaría suponer que podemos ser definidos como enemigos por nuestros protectores para que la idea de estado como sinónimo de "violencia buena" desaparezca. Supongamos que el poder nos muestra que su violencia se utiliza para beneficiar a los gobernantes, amigos y aduladores y que paga por ser defendido a ultranza y por atacar a los molestos. Supongamos que cuando alguna institución molesta a la voluntad del gobierno, se la aplasta. Cuándo pasa todo eso, la violencia institucionalizada pierde la mitad civilizada de su naturaleza y es nada más que violencia. Entonces Max Weber diría que lo único que queda de su estado es eso, la violencia.

El estado es un aparato sostenido por esa idea muy discutible, hasta débil, que es la de "bien común". En función de eso y no ya de lo que quisiera un monarca o un patriarca benevolente, recauda. Es decir se queda con parte de nuestro trabajo. Qué otra cosa que un asalto es un impuesto si todo el vínculo anterior se ha desnaturalizado.

El populismo es el sistema más eficiente de violencia estatal ejercida sobre las personas, porque no se puede fotografiar. Sucede por desaparición del elemento institucional que mantenía a la violencia a raya. Externamente no pasa nada distinto a lo que pasaba antes de esta pérdida institucional, así que nos dirán que no hay violencia. Como una familia en la que los padres ponen todas las reglas. Esto sucede porque los padres nutren y protegen. Pero si los padres son los operadores de un sistema de bullying interno dejando de nutrir y proteger la orden tiene otro valor, se transforma en un sistema de denigración y castigo. Un régimen familiar sin ese afecto, es un totalitarismo. Un Estado sin institucionalidad, sin esas reglas, sin esa igualdad ante la ley, con los roles entre servidores y servidos invertidos, también lo es.

El sistema es eficiente porque no se ve, pero el estado populista desprovisto de ataduras, que de manera abierta favorece a un grupo y perjudica a quienes no son cómplices es de una altísima violencia cuando convierte al juez en un militante, cuando el policía pasa a ser el ladrón, el diputado el delegado del presidente, el presidente un concedente de privilegios, el jefe de la recaudación un agente de policía político, el que es pagado con dinero público para informar un propagandista. Eficiente como un motor que no pierde energía en forma de calor.

El populismo significa la evolución de la revolución, ejercida con una violencia explícita, a la infección como forma de transformar la regla protectora en regla disciplinadora.

Sumémosle ahora la parte que sigue siendo ineficiente. El grito, la invitación a la división, la retórica violenta en señalamiento permanente de enemigos internos. Un aparato de propaganda y difamación y un mecanismo vigilante bullying ejercido desde determinadas usinas. Un señor dice algo inconveniente y se lo ataca desde las redes sociales con lenguaje descalificante, multiplicando manifestaciones de desprecio y denigración, todo realizado por empleados públicos. Programas de televisión y radio que se dedican a destruirlo y aislarlo, reforzados por medios privados que reciben fondos públicos para sumarse al sistema de bullying en un mecanismo que se denomina "asesinato de la reputación", pero que va mucho más allá del problema de la fama. Persigue otra forma de violencia tradicional y extrema, que es el ostracismo interno, la transformación de la víctima en un objeto, al cual transferir toda la cobardía de la sociedad agredida. Su aislamiento. El mensaje es que todo aquél que protesta será sometido al ostracismo interno, y los que son cómplices serán recompensados. La cobardía frente a ese clima apabullante es manejada por la mayoría de las personas con una identificación con el agresor, que multiplica los efectos del ambiente tóxico. Los cobardes eligen agredir con el agresor, para no ser agredidos con el agredido.

Mientras tanto esa violencia ya caprichosa, nada institucionalizada pero que en su infección habla de instituciones, también cierra el camino a ser denunciada transformándose en denunciante de violencia. Se crean fantasmas, se señala cualquier tipo de manifestación privada fuera de lugar como una forma de violencia no solo equivalente, sino excluyente respecto de la que ejerce el poder, para taparse. No es raro, es bien coherente que ese estado encabece campañas contra la violencia de género y dicte leyes que definen a la violencia de un modo en el que por supuesto queda él mismo definido en su bullying generalizado diario. Pero al denunciar a otros de sus propios crímenes, también obtura la posibilidad de ser denunciado.

Del Bullying y de la cobardía disfrazada de adhesión participan todo género de colaboradores. Unos pegan, otros se dedican a minimizar, relativizar, desviar la atención. Incluso a maltratar a las víctimas igualándolas con el agresor o a descalificar a los que denuncian como poco serios. Porque si los que denuncian son serios, ellos no solo son cobardes, sino también cómplices.

Así se enferma todo el sistema con esta revolución travestida en infección. La enfermedad de los que están afuera consiste en no hacer nada, en no denunciar. En hacer como que no está pasando nada y mostrar que hay elecciones, que hay críticos, que todo sigue igual cuando todo ha cambiado y los que se quejan o los llaman nazis exageran o están locos.

Llega el punto en que ya no quiero permitirle a la gente que no se ha solidarizado con Alfredo Casero simular que son moderados o serios o que no ven problema en un "debate" entre un aparato nazi de bullying político y un señor que tiene a todos sus colegas debajo de la cama, cuando no contribuyendo con algún insulto. Que sepan todos lo que han estado haciendo y mucho peor, lo que no han estado haciendo.

El santuario

Hay que reconocer que el poder político es algo mucho menos serio de lo que se viene pensando en el último par de siglos. Tanto esfuerzo por ponerlo en caja, tornarlo previsible, servicial, hasta protector, que el deseo no le deja lugar a la mirada atenta. El propósito de amansarlo mediante instituciones cuando no se alcanza deriva en mistificación.

Se producen dos bandos, los aburridos que lo atan y los divertidos que lo desatan. Los divertidos están cada vez que hay que repartir para cosechar sonrisas y los aburridos nos recuerdan que toda cuenta se paga. Los divertidos acusan a los aburridos de no querer fiesta y los aburridos están aburridos de explicar que antes de festejar hay que tener con qué. Lo que pasa es que cuando se tira el dinero de otros la responsabilidad parece más tediosa que cuando uno tiene que pagar.

Lo que hemos estado suponiendo desde hace mucho tiempo es una racionalidad en un aparente mercado de votos en el que los mejores consiguen adhesiones y si no lo logran es porque están teniendo "errores de comunicación", o no son con sus conductas un ejemplo suficiente. Sin embargo hay más problemas, porque esta visión del poder como algo servicial y no como la organización de la injusticia con la que en todo caso se puede tener una paz provisoria, vuelve a lo que siempre fue, el lugar donde se reparten las fortunas, los privilegios y la buena vida. Antes era muy explícito y ahora ocurre utilizando todas las palabras de la época racional pero en un sentido diferente. Los divertidos se llaman keynesianos (aunque Keynes nunca dijo que la vida era una fiesta como estos gastadores pro-cíclicos) o socialistas o izquierda o nacionalistas o nacional socialistas. A los aburridos se los niega adosándoles nada más que malas intenciones. Los aburridos son los malos y listo. Son gente que no quiere divertirse. Hay que reírse de ellos.

El que define a los malos se define como bueno. Gana terreno el maniqueísmo y el misticismo. Entonces se ve al "Pueblo" (aquellos que no son gobierno) besar manos, tocar y declarar amor ciego e incondicional a los buenos; es decir los divertidos. Cuando tienen algún problema los divertidos buenos y por ejemplo son internados en un hospital sus seguidores lejos de comportarse como ciudadanos que apoyan determinadas líneas de gobierno, lo hacen como fieles de una secta. Elaboran estampitas, carteles con todo tipo de frases de admiración, lloran de manera pública y hacen ofrendas mostrando un servilismo absoluto. Gestos que no harían por sus parientes, con quienes tienen relaciones de afecto normales. El santuario es un amor como forma de sometimiento político, de veneración. En el santuario hay una relación de poder y la pasión forma parte de ese vínculo.

El santuario y la república pertenecen a mundos distantes. El santuario es la muestra más fácil de reconocer de desigualdad.

Los ritos en el santuario llevan implícita la despersonalización, con la despersonalización como está ampliamente demostrado, desaparecen las inhibiciones morales. Despersonalización más maniqueísmo y cualquier enemigo que pase cerca corre peligro. Enemigo se define como el infiel.

Sobre un cuerpo de república se va colando así un califato. En el encantamiento por el número no se advierte que no es lo mismo contar con votos como adhesión pensada a un determinado rumbo de gobierno, que contar siervos con o sin uniforme que obedecen órdenes y expresan sumisión total a un liderazgo.

La irracionalidad parece locura, pero no es locura. En el juego de la lealtad sin freno y sin normas el valor no es ni la honestidad ni la justicia, sino la pertenencia. Lo que nos protege no es un sistema de reglas sino una autoridad fuerte. Estamos adentro o estamos afuera. La forma más común de estar adentro es insultar al que está afuera. Con ese no se tienen unas ideas distintas, sino que se lo odia por ser una amenaza. Es decir por temor.

Cuando nos preguntamos cómo puede ser que determinada persona defienda cualquier cosa, que lo haga con semejante énfasis y con la presencia de ánimo para tratarnos como si tuviéramos un problema para no ver lo evidente, estamos suponiendo un interlocutor que nada más piensa otra cosa.

Pero perdemos de vista que estamos frente a ese que muerto de miedo no tiene capacidad mental para cuestionarse una adhesión total en la medida en que lo han convencido de que el mundo es solo un caos en el que se deben sumar cómplices.

Cuando la cosa está así de mal mejor que ver es creer. Creer en lo más amenazante es una garantía de supervivencia o es percibido como si lo fuera. No se cree en lo más inofensivo, sino en lo más ofensivo. Debajo del paraguas del sistema agresor se puede incluso jugar a la valentía creando fantasmas afuera a los que se combate con impunidad sabiendo que no son reales.

Es entonces cuando aparecen el santuario o la danza de la lluvia o aquellas formas de ismos salvadores.

Contra la pobreza afán de lucro. Alegato contra la demagogia televisiva

"La mitad de daño que se hace en este mundo se debe a gente que se quiere sentir importante. No es que quieren hacer daño, sino que el daño no les interesa"

T. S. Eliot

En *El Truman Show* (Peter Weir – 1988) el protagonista tiene un amigo asignado por los guionistas. Hay una escena con una carga dramática extraordinaria en la que Truman y su amigo artificial están conversando en un muelle, en la que el primero le habla al segundo de sus dudas, le abre el corazón como se hace con cualquier amigo de verdad. Pero este no es de verdad, sus gestos son para la cámara, espera el efecto en el público, imagina cómo se ve él y respecto del otro se encuentra a una distancia afectiva abismal. De algún modo Truman lo percibe igual que lo ha hecho el resto del día con su trabajo, en su propia casa donde la rubia que hace de su mujer aprovecha cualquier ocasión para meter un PNT (publicidad no tradicional). Es un show, el rating es emotivo, lacrimógeno y en algún sentido limitado verdadero. Solo verdadero dentro del juego. Los que lloran tienen que ser buenos, siempre es así en la ficción.

La televisión es a veces ficción también cuando pretende ser crónica. La ficción produce emociones impunes, irresponsables. Es gratuito sentirse compungido por la muerte del héroe, total no hace falta hacer nada por él. Los que van a rescatar al soldado Ryan siempre son los que están en la pantalla. Para eso hemos pagado la entrada.

El problema es cuando hay gente que no está jugando como Truman o cuando todo queda reducido a demagogia y manipulación y se ven los hilos. El que sufre se convierte en insumo de un espectáculo de novela. No de novela de Balzac, sino de Migré. De repente alguien puede denunciar al falso amigo, al programa, por estar jugando con lo que no se debe, a la situación, y ser visto por los llorones como enemigo de la amistad. Todo puede pasar. Algo de eso ocurrió en el programa *Periodismo para Todos* del domingo.

Lanata ha cumplido un papel muy destacado en el final de un sistema horroroso de gobierno, de mistificación, manipulación y abuso llamado kirchnerismo. Sistema que no solo incluye a los partidarios sino también a los que guardaron silencio o simularon oponerse mientras disfrutaban las mieles de pertenecer a la casta estatal. Esa en la que no existe la responsabilidad ni el despido ni la rendición de cuentas en la que la vagancia es un pacto general. Todos se sienten parte de un club, antes que representantes de los que no son parte de él. La vida dentro del estado es fácil y el kirchnerismo se ocupó de comprar a unos, asustar a otros y darle buena calefacción y viajes pagos al resto. Ese sistema en colapso encontró un Lanata que dejó la siesta y salió a contar lo que en el país se había estado silenciando en un contexto de la trata de empresarios, políticos, periodistas, faranduleros, músicos, militontos, etc. Por él una sociedad censurada y auto-censurada recibe dosis terapéuticas de verdades todos los domingos. Lo curioso y anormal es que un programa aislado sea fuente de legitimación para habilitar temas viejos y romper el pacto de silencio. Pero en todo caso ese no es problema del periodista y ese mal que le pese es su lugar hoy.

A esta altura se preguntarán qué tiene que ver el Truman Show en todo esto. Bien, el domingo pasado tuvimos al amigo artificial y a la lágrima para mostrar una colecta en la ciudad de los Angeles, ni mayor ni menor que otras tantas que ocurren en la Argentina, pero que servía para mostrar cierta adhesión internacional al programa.

Una colecta mal pensada. Juntaban ropa que era fácil advertir que sería imposible de enviar con el estado de macumba económica general en el que el comercio es un atentado contra un engendro llamado "industria nacional". Como casi todos creen en eso, creo que hasta el propio Lanata, era obvio que habrían requisitos imposibles para mandar cosas gratis si parece que el fin de las aduanas es que tengamos que comprar cosas más caras. La campaña por lo tanto, por más buena y simpática que fuera la gente de Los Angeles, era un fracaso. La información podría haberse completado destacando la locura que significa que haya que dar alguna explicación diferente en ese caso que cuando se mandan zapatillas desde Chivilcoy. Pero el asunto no era mostrar otra cosa que la "bondad" en estado puro, una que era internacional y contarle a los gritos a la mano izquierda lo que había querido hacer la derecha. Así que hubo que pasarle a los argentinos exiliados de un país lleno de demagogia los videos del programa anterior, el que los había hecho llorar, para que vuelvan a llorar pero ahora en público, en el prime time de canal 13.

En el programa anterior se había mostrado a Truman padeciendo la falta de agua en el paraíso socialista que la generación idealista nos trajo robando unas cantidades importantes en el camino. Información relevante porque destruye el cuento de la "inclusión" que se supone que justifica el robo. ¿Qué cosa diferente tiene esta argentina post K a la anterior como no sea esa casta estatal privilegiada conociendo los restoranes de Las Cañitas? Truman era en este caso gente sumamente pobre, fuera de la frontera productiva que deja el elefante llamado sector público en el que viven los vivos. Y el amigo de Truman eran unas personas de Los Angeles, que habían empezado como amigos de verdad y fueron convertidos previo casting en otro insumo.

El hashtag elegido por el programa (#ArgentinaUrgente) fue, no por casualidad, el de otra campaña demagógica oportunista de una década atrás llamada "el hambre más urgente", que no consistía en juntar un peso, sino en sacar una ley que iba a terminar con el hambre, promovida por una cantidad de gente "buena" que sólo gente mala podía criticar.

Perdón por el escepticismo, alguna gente me quiso convencer de que no importaba toda esa demagogia si en definitiva aumentaban los volúmenes de donaciones. No creo que el fin justifique los medios, ni que los medios conduzcan a ningún buen fin. Así no se arreglan las cosas, los pobres necesitan empresas, caminos, gente que sea capaz de ganar dinero. Esos emprendedores que buscan beneficios son necesarios incluso para los que tienen una visión de criadero de la gente sin recursos. Porque los repartidores no tienen nada si antes no acumularon los emprendedores. Las personas a las que se etiqueta como "pobres" pueden darnos muchas lecciones de supervivencia y de cómo ganarse la vida, sólo si dejan de aplastarlos con impuestos y regulaciones y con impuestos y regulaciones a todas las personas con las que tendrían que tratar para salir adelante. Si dejan de aumentar el gasto público para para sostener a inescrupulosos pseudo artistas o burócratas que conjugan el verbo "articular" como modo de parasitar a la población.

Una de las peores cosas de estas exhibiciones impulsivas es que detrás de todo está la idea de que el afán de lucro y la solución de la pobreza son fuerzas en competencia, lo cual es una falsedad absoluta económica y también moral. No se puede dar sin producir. El que da si no es el que produce es un accesorio, un gerente del final de la cadena que empieza y se hace posible porque alguien obtuvo una ganancia. Esa ganancia además, y es lo más importante, ya redujo la pobreza mucho antes de ser regalada. Cuando no se regala, sigue combatiendo la pobreza por medio de la inversión o el ahorro. Si algo necesita la verdadera caridad para existir es previo afán de lucro y estas olas de invitaciones al sacrificio ignoran esa realidad, porque en nuestra cultura un tanto parasitaria el que produce no es un héroe, no da rating ni hace llorar.

La caridad en si, como la amistad, no tiene un fin económico sino afectivo. La caridad no da de comer y por más que en un aspecto la caridad puede solucionar un problema inmediato, caridad no es colocar a otra persona en situación de dependencia total, convertirla en instrumento, en juguete para verse en el espejo como un falso héroe de una falsa moral.

Pero sobre todo la caridad no puede ser impostada y el hecho de desentenderse de los resultados ya nos permite saber a qué tipo pertenece. Hay caridades que no tendrían un punto de rating, no sirven como espectáculo. Está en los vínculos cercanos, esos que no son impunes, que generan responsabilidad y no pueden ser un toco y me voy. Esa cuesta, sobre todo desde el punto de vista afecivo. Y no es que valga por costar, pero sirve para medirla en su profundidad.

En otra parte del programa Lanata habló de una recaudación extorsiva hecha por Guillermo Moreno para supuestamente enviar ayuda a los inundados de La Plata. Ese botín no había llegado a destino y eso era lo que le preocupaba. Es decir, no había que devolverle el dinero a los dueños sino perfeccionar el crimen inicial, como si no estuviera mal o no tuviera consecuencias. Como si el la extorsión no fuera causa de pobreza.

Luchar contra la pobreza es poner una empresa. Y si no se

puede poner una empresa denunciarlo. También es defender la legitimidad del afán de lucro y tratar a los reguladores como lo que son. Unos inútiles destructores de riqueza. La caridad, la verdadera y no la del Truman Show es una maravilla para mejorar nuestros vínculos. Ricos no nos hará.

Se que es muy fácil agarrar este artículo y presentarlo como un ataque a la gente de Los Angeles, que será maravillosa no lo dudo. O como un ataque a Lanata que con sus más y sus menos le ha hecho un gran servicio al país mostrándole lo que no quería ver. Pero es sólo una opinión. Si estuviera muy equivocada a nadie le debería importar.

La principal operación del kirchnerismo es ensuciar, no lavar

El problema de la corrupción de la década no es el lavado, sino el ensuciado. El cuadro del dislate del giro de dinero, el armado de cientos de sociedades y las paradas "técnicas" en Seychelles es un gran espectáculo pero es sólo la punta de un ovillo que nos lleva de un paraíso fiscal a otro hasta encontrar las huellas digitales de la familia imperial y sus amigos. Que a la señora la saquen de las casillas las cosas que se dicen de ellos, no nos debe distraer, el problema está en otro lado. ¿Dónde? Pues en el robo de dinero, las licitaciones que favorecen a un grupo de señores y empresas, en la entrega de acciones de compañías a cambio de protección del poder, en la ausencia de auditorías, la creación de fideicomisos, los monumentales subsidios, la maniobra de subestimar los presupuestos para contar con excedentes que se apliquen a lo que se quiere como si el concepto de malversación de fondos públicos no existiera.

El programa de Lanata es entretenido, esclarecedor y nos muestra la trastienda de una era oscura, pero nos estamos yendo muy lejos para olvidar lo que está frente a nuestros ojos.

Apenas nos da curiosidad qué hicieron con el botín. Nos sirve para cuantificar lo que en realidad debe ser investigado.

Los narcotraficantes son investigados por lavado de dinero porque sus fondos no son robados. La unión internacional de estados que luchan contra los hábitos de sus ciudadanos no pueden decir que nos narcos tengan fondos que no les pertenecen, en consecuencia se inventó el delito de lavado para impedirles gozar de los frutos de una actividad criminalizada. Lo mismo pasa con quienes huyen de los infiernos fiscales hacia países que son llamados paraísos pero que en realidad lo que hicieron fue no cambiar las reglas de juego originales, normales y deseables del anonimato de las sociedades "anónimas", mientras comenzó la ola del control de los patrimonios privados, dando vuelta la relación entre gobernantes y gobernados en una república. Recordar esto a esta altura de la confusión puede sonar extraño, pero el gobierno no debería contar con ninguna información sobre lo que tienen los ciudadanos o empresas, son los ciudadanos y empresas las que deberían tener acceso a todo lo que hacen, gastan y recaudan los gobiernos. La idea del Gran Hermano fiscal ha quebrado todo el sentido de legalidad, entonces nos preocupamos por los lavados de gente que en nuestra cara declaró multiplicar su patrimonio por diez estando en el poder.

Que no nos confundan los casos K. No requieren ningún rompimiento de anonimatos, la plata no salió de operaciones privadas secretas sino de la actividad pública del estado donde debería apuntar la investigación. No hay rincón de sector público en el que no sobren las irregularidades, sobreprecios, acomodos y secretos. Pagan con dinero de los impuestos hasta servicios de acompañantes para aplaudidores de discursos ridículos. Si cambiaron el auto los bufones es un dato que distrae. O tal vez sea una forma de negación, como si no los hubiéramos visto adueñarse del estado.

El lavado es un recurso tangencial para criminalizar dinero que no tiene origen en el robo. Que la corrupción descarada sea tratada desde esa perspectiva habla de hasta qué punto la autocensura caló hondo en el país. Un señor al que le roban tres gallinas y tiene cámaras de seguridad que se va al otro lado del mundo a mirar si el ladrón gasta mucho en cervezas pierde el tiempo. El concepto de lavado de dinero le ha hecho mucho daño al sentido común. Dicho esto sin perjuicio de que en un país que miró para el otro lado diez años, la historia de la borrachera en una isla perdida del señor que se llevó las gallinas me divierte como a cualquiera. Pero ese es el punto en el que el periodismo no puede igualar a la justicia.

La medición fascista de las marchas

Muchas miles de personas protestaron nuevamente este jueves contra el gobierno pidiendo libertad, justicia y respeto. Ya conocemos la forma en que el oficialismo trata a los disidentes, para ellos son "no personas" y enemigos. Con ese solo recurso manipulan el efecto con ayuda de sus contrincantes, porque a pesar de que solo algunos se reconocen peronistas, son tantos los que razonan como tales dentro como fuera de ese conglomerado, por llamarlo de alguna manera.

La legitimidad de una protesta está en su contenido, no en su número. Y el número no tiene que compararse con movimientos de masas fascistas. Ese número impresiona a veces pero no cambia en nada el valor del reclamo. Quienes rechazaron la presencia de la presidente en Rosario interpretando que hacía campaña con la desgracia ajena, fueron muchos menos que los que estuvieron en la marcha del #8A. Ni hablar de los Qom o de las mismísimas madres de Plaza de Mayo si se quiere. Ningún partido político es capaz de reunir a tanta gente de modo voluntario ni lo ha intentado y por eso es que este movimiento se inició.

Ha ganado la mentalidad de que si no se alcanza a formar una marea humana impersonal que tape todos los blancos en la calle la protesta no importa, que tiene menos valor que la opinión de un solo columnista que sentenciará desde un pedestal cuándo la gente que se queja tiene que ser escuchada y cuando burlada. Esa visión fascista supone que el estado autoritario está habilitado para fagocitar a cualquiera que sin recursos públicos no pueda igualarlo a él mismo cuando reúne multitudes de esclavos modernos, carne de cañón del clientelismo a los que obliga a aplaudir a su líder aunque no le entiendan una palabra. Las minorías serán entonces ignoradas, los diarios no se ocuparán de los problemas que señalan estos ciudadanos y se sentirán débiles frente al gobierno que tiene camiones que pueden llenar de ganado. Y cuando alcanzan al número suficiente según esta visión ¿qué cambia para los comentaristas? Nada, por lo tanto lo que se diga de la marcha no puede ser un objetivo.

Por eso cuando me dicen que el problema de la Argentina es el peronismo a esta altura del partido me río, porque el peronismo explícito no es nada, lo abrumador es el peronismo que no se considera tal, ese espíritu fascista como señaló Oriana Falacci en su momento que se ha extendido mucho más allá de un partido. Casi todos los políticos son peronistas, incluidos muchos antiperonistas, los medios, los intelectuales, la gente que comenta en la calle. Todos quieren competir por cantidades de ovejas entre pastores grandes y comerse a los chicos, todos veneran al estado asesino, ladrón y mentiroso que tenemos, todos quieren esperar algún movimiento exitoso al cuál adherir sin correr riesgos para hacerse del estado, todos buscan "oligarcas" o a la "derecha" para ponerlos fuera de su espectro y considerarlos no ciudadanos y a ellos mismos dentro del "campo popular" donde hay derecho a ser. Todos se callan ante el poder, hablan con medias tintas y son intolerantes ante la honestidad a la que ni siquiera saben reconocer. Por eso la división relevante no es entre peronistas y anti peronistas o no peronistas, sino entre quienes veneran al estado, a la masividad y a la santa recaudación y quienes como la constitución creen en la protección del individuo, su libertad y su propiedad.

De toda la gente que fue a esta sucesión de protestas la más valiosa es la que siguió siendo consecuente. Merecen respeto como luchadores, como gente que no se rinde ni se agacha, como muchas otras minorías o, más que eso, como muchos individuos que en soledad a lo largo de la historia supieron gritar por los crímenes de los que el resto de sus conciudadanos habían elegido ser cómplices.

El problema sería que quienes protesten estén pendientes de la aceptación por parte del gobierno. El oficialismo no es un victimario inadvertido o inconsciente al cual hacer reflexionar. Ese sería un grave error de diagnóstico. Como lo es el de la oposición cómoda con cargos y viajes, que se pone en espectadora a ver si otro hace su trabajo y enseguida encuentra un motivo para no estar. El asunto de qué más hacer es de ellos, las ovejas pueden seguir comiendo pasto o simular no ser ovejas criticando a los luchadores.

La legitimidad no está en el número sino en la causa. La gente de las marchas pide la aplicación de la Constitución, la vigencia de la ley en lugar de el capricho y el grito. Al gobierno no le interesa y buena parte de la oposición está esperando tener la oportunidad de llevar adelante sus propios caprichos aunque sea sin gritos. Pero por más que todos quieran mirar para otro lado el país no está resuelto porque no hay paz. Sin ley no hay paz, estamos en un enfrentamiento de fondo que nada tiene que ver con que nos tratemos dulcemente. Si son pocos los que se preocupan por eso, la vergüenza la debe sentir el resto, no ellos.

Que no voten los empleados estatales

Se supone que nos autogobernamos bajo una forma representativa, pero este supuesto es a esta altura una risa con el voto feudal populista. Una gran capa de la población recibe sueldos y dádivas de los representantes. Otros directamente hacen fortunas con el estado por sus relaciones y negocios por abajo de la mesa con los supuestos mandatarios.

¿No habría que elegir entre ser representante o representado? ¿Entre servidor y servido? Para que todo esto de la democracia que de cualquier manera no es ninguna panacea sea al menos algo un poquito serio, habría que optar entre pagar y elegir o cobrar y ser elegido. Porque este problema no sería muy importante cuando esta forma bastante ilusa de decir que "nos estamos gobernando a nosotros mismos" empezó a gestarse en su forma moderna. Pero hoy, no solo una parte importante de la población está de los dos lados del mostrador, sino que engrosar el estado y la dependencia del estado es una forma abierta y descarada de tener electores esclavos. Y la dependencia los incluye a ellos y a sus familias.

Para que la democracia pueda ser tomada en serio, nada más, no deberían votar ni los candidatos, ni los empleados o cualquiera que reciba pagas del gobierno (incluidos los hipócritas "planes"), ni los proveedores del estado, ni los empleados de los proveedores del estado, ni los parientes en primer grado de ninguno de ellos.

De otro modo estamos tolerando castas. Unos privilegiados que intervienen junto a los no privilegiados en igualdad de condiciones a decidir el futuro de todos, lo que por supuesto redunda en el aumento de los privilegios.

Hace falta la rebelión de los no acomodados. La diferencia en responsabilidades y condiciones del sector público se está transformando en un peso agobiante.

La única garantía para que unos burros de carga puedan considerar que gobiernan cuando tienen a esta gente encima, es que los últimos sean solo empleados y no amos a la vez. Unos pagan, otros sirven. Unos cobran, otros deciden.

El velo del mercado

Supongamos que pusiéramos todos los bienes del país en un fideicomiso y lo repartiéramos entre la gente más pobre estableciendo estricto respeto a la propiedad privada a partir de ese momento y por un siglo. Estoy hablando de dejarnos a todos en pelotas los que tenemos algo, pero a partir de ahí cero intervención del estado en la economía, cero arancel, flat tax. Si se animan vamos más lejos. Cero impuestos, que es estado se financie con aportes voluntarios. Mercado de verdad y total por cien años.

Nos dicen todo tipo de socialistas y buenistas que el mercado es bueno para los ricos y no para los pobres. Bueno ahora serían los ricos los actuales pobres y pobres los actuales ricos. Y estos ricos no tendrían que pagarnos hospitales, educación, tratamiento contra la gordura o contra la pelada. Cero bienestar y el estado solo persiguiendo a los ladrones. De paso nos dijeron que los ladrones robaban por ser pobres, así que la policía sería ejercida solo contra nosotros.

¿Los socialistas firmarían? Yo si. No digo que los ricos lo

firmarían, pero si los liberales. Dudo de los socialistas, pero ellos tendrían que firmar, salvo que no les interese la "injusta distribución de la riqueza", sino nada más tener que laburar para vivir en lugar de estar colgados de los demás.

Llamémosle el "velo del conocimiento de que te quedás en pelotas pero tenés instituciones" Y que después que algún partidario de Rawls lo explique.

"Progre-cisma"

En la Argentina lo que más sorprenden son las sorpresas. Por ejemplo la del director teatral Carlos Rivas con la actitud facciosa de Estela Carlotto a favor de un gobierno con el que está asociada desde hace una década. Tanta fue su decepción que lo escribió a La Nación, que de acuerdo al Ministerio de la Verdad K es hoy por hoy el centro de la conspiración mundial contra el fútbol para bobos y la movilidad social de Lazaro Baéz.

Otros se sienten decepcionados por el aval y luego el "yo no fui" de un señor de los servicios de inteligencia. No hablo de Milani, sino de Horacio Verbitsky.

¿Verbitsky también? ¿No era un gurú moral, el ejemplo a seguir por el periodismo, la intelectualidad permitida y la cultura cartonera? El hecho de que fuera el número dos de la inteligencia de Montoneros, una banda de facinerosos dedicada al secuestro extorsivo, el ataque terrorista, el balazo a traición en función de la instalación de un régimen totalitario (o llamale terrorismo de estado si te parece), no solo no era obstáculo sino que era la explicación de la admiración.

Desde su puesto de lucha el admirado espía supongo que se dedicaría a ver a qué hora salían del colegio los niños de Fulano o el empresario tal dónde tenía su cuenta bancaria, además de qué destino darle al botín del secuestro de los Born ¿Qué otra cosa hace un señor de inteligencia de una organización criminal, además de servir de norte de anciano a la juventud nac&pop?

Si seguimos el derrotero de lo que son llamados "organismos de derechos humanos" en la Argentina entenderemos un poco mejor el tamaño del problema. Empecemos con Alfonsín creando una comisión de notables que recibía denuncias de ilegalidades en la represión y desapariciones. Un órgano formado por el Poder Ejecutivo, un decreto que determinó a quiénes investigar, un período permitido para el estudio, un procedimiento y un tribunal especial que terminaron con una condena expiatoria.

Hasta ahí parte de la sociedad reclamaba que también se juzgara a los guerrilleros y terroristas. Nadie se animaba a llamarles "militantes". El propósito expresado era juzgar la clandestinidad, los daños colaterales, los inocentes incluidos en listas, la falta de procedimientos legales, las torturas y las desapariciones. En un proceso de años eso fue variando y nos fueron haciendo a la idea de que sólo importaba lo que hubiera hecho el estado en contra de sus "militantes". Por ejemplo no había que contabilizar lo que el estado hubiera hecho a su favor (como la liberación de los criminales que con orgullo pidió Rivas en el 73 y que contó como aval de su crítica actual).

Después vimos que los "organismos de derechos humanos" reivindicaban regímenes criminales como el de Cuba y que pasaron a sostener la heroicidad de sus culpables, no los inocentes que cayeron en la brutalidad de la lucha. Ya no se quejaban de la ilegalidad de la represión sino que fueron estableciendo el estándar de que frente a esa violencia solo cabía dejarse matar o hacer volar por el aire ¿Y si eras de esos a los que no les cae bien que ellos te quieran matar? Entonces eras un fascista. Así lo enseñó el estado (no el sector privado), durante estas tres décadas. Toda la sociedad los siguió llamando "organismos de derechos humanos" pero sin comillas.

Hubo que olvidar a los muertos que ellos mataron. Con el kirchnerismo se le prohibió a las fuerzas armadas homenajear a sus víctimas. El aparato de propaganda de verdad fascista del gobierno estigmatizó y persiguió a los familiares y amigos de esos muertos que querían nada más recordarlos.

Hicieron del Nunca Más un libro sagrado y Alfonsín jamás cumplió su promesa de contar la historia de la violencia terrorista de los idealistas militantes que hubiera permitido separar la condena a la ilegalidad de la represión de cualquier sospecha de reivindicar los crímenes de aquellos grupos homicidas. Mucho menos sus sucesores porque en poco tiempo a nadie le importaba.

Después no fue suficiente esa omisión, porque el que fuera héroe máximo del Nunca Más Ernesto Sábato había dejado claro que no se tenía que interpretar que el informe era una defensa de la bomba, el tiro por la espalda o el secuestro extorsivo por amor. Los "organismos de derechos humanos" nos explicaron en esa etapa que condenar ese tipo de cosas o ponerlas al lado de crímenes de agentes del estado (ellos son unos consistentes defensores de la actividad privada, pero solo de la violenta. La función del estado es tener empresas comerciales y la del sector privado matar) era sostener una "teoría de los dos demonios". Demonio hubo uno solo y ellos nos lo señalarían. Los derechos humanos se convierten así en unas prerrogativas que corresponden a los combatientes de un tipo de proyecto totalitario y a nadie más.

En el ínterin hubo que reescribir conceptos como la cosa juzgada, el derecho de defensa, anular leyes, establecer un filtro para ver quienes entran y salen de la justicia federal para que no se vayan a equivocar los jueces acerca de a quién condenar, a quién absolver y a quienes asegurar impunidad, que cosa es contra la humanidad (ellos) y cuáles solo contra las personas corrientes.

Ahí fue cuando llegaron ellos mismos al estado. De un día para el otro todo lo que se dijo sobre las cosas malas las hace el estado se aplicó al revés. Los jodidos eran los "sectores concentrados". El poder contra el que ellos luchaban no era el estatal, sino el de las "corporaciones" ¿Y corporaciones que eran? ¿Acaso grupos privados sin culpa como los Montoneros o el ERP? No, eran grandes peligros de los que el estado tenía que defendernos como programas de P+E. Una cosa son tonterías como bombas y granadas y otra unos pesados criminales que hablaban contra la estatización virtual de las exportaciones agropecaurias. O cualquier persona fuera del estado que no los defendiera o que los denunciara. Ahora que estaban del otro lado del mostrador, los derechos humanos pasaron a resumirse en la frase fascista: dentro del estado todo, fuera del estado nada. Es decir al revés de lo que nos venían diciendo cuando eran privatistas.

La cosa se puso cada vez más explícita. Los enemigos actuales pasaron a ser enemigos históricos rehaciéndose la historia como si estuviera escrita con tiza y aparecían por todos lados vinculaciones con uniformes de todo contrincante. Pero siempre afuera de la facción. Dentro de la facción, la de los cada vez más pocos que son humanos, podían explicarnos desde los trabajos de Verbitsky en la Fuerza Aérea en plena etapa caliente, hasta el cargo de Juez de Zaffaroni, el de Alicia Kirchner en el Sur, las fotos y solicitadas de los Kirchner en el Santa Cruz, o la dirección de don Timermann del pasquín La Tarde; lo que sea. Los organismos de derechos humanos evitaban que nos fuéramos a confundir en cuanto a quién tenía que ser condenado y quién salvado. Un salvado podía pasar a ser condenado si se peleaba con el gobierno como la señora de Noble.

Lo de Milani es como el final de este largo cuento. Carlotto ya dice que como la Biblia para los católicos, el Nunca Más no puede ser leído de manera directa sino que debe pasar por las aclaraciones de ellos como intérpretes finales.

Y todos son millonarios, viajan en primera, hacen de sus

fundaciones empresas constructoras, están llenos de cheques rebotados y una infinita lista de etcéteras.

Entonces amigos progres, esta es su realidad. No son los limpios de la sociedad que se molestan por algunas transgresiones, son esta cosa. Nadie se cayó de ningún paraíso. Ustedes no pueden decepcionarse entre si porque no hay cosa espantosa que no hayan hecho, defendido o promovido. A los que los miramos de afuera no nos asombran, no nos decepcionan, continúan comportándose como el culo de manera sistemática y coherente desde hace treinta o cuarenta años. No nos jodan más con el aparente escándalo con el que toman cada vez que quedan al descubierto siempre que el horizonte sea el posible agotamiento de la vía para seguir robando con el pasado mal editado en el que viven. Les gusta más la guita que el sexo. Y cuando no les gusta le guita, que los hace más humanos, les gusta la mentira, la violencia, la banalización de cualquier principio general y odian todo sentido real de justicia porque creen pertenecer a una casta a la que corresponde tratar bajo otras reglas.

Estas facturas casi dan ganas de pedirles que se las pasen en privado. A los demás no nos interesan. Nos tienen los huevos al plato.

Los abusos de la AFIP, Lorenzetti y la Cuarta Enmienda

Parece una ironía que el titular del cuerpo del Estado encargado de velar por las garantías de las que gozan los habitantes del país, se manifieste víctima de un acto extorsivo por parte de la AFIP después de diez años en los que estos episodios se han hecho rutina. Sería igual de paradójico que un comisario asaltado en plena calle. La Corte tiene a su cargo velar por la constitucionalidad del accionar estatal igual que el comisario cuidar nuestra seguridad.

La agencia que dirige el señor Etchegaray contestó del modo en que siempre justifica el uso arbitrario de sus poderes contra disidentes, molestos y competidores: se trata de la rutina de su trabajo de recaudación.

La llave de la solución de este problema la tiene curiosamente la Corte, pero no defendiéndose en lo personal, sino reafirmando las garantías constitucionales explícitas e implícitas en nuestro sistema constitucional en beneficio de todos nosotros.

Si la AFIP o cualquier organismo estatal tienen derecho a investigar a cualquier ciudadano porque sí, entonces determinar cuándo lo hacen como venganza o intimidación requiere un juicio sobre las intenciones, la prueba de cuyos presupuestos es imposible y no puede ser puesta a cargo de los ciudadanos indefensos.

La clave la da la Cuarta Enmienda de la Constitución de los Estados Unidos que establece:

"El derecho de los habitantes de que sus personas, domicilios, papeles y efectos se hallen a salvo de pesquisas y aprehensiones arbitrarias, será inviolable, y no se expedirán al efecto mandamientos que no se apoyen en un motivo verosímil..."

Las garantías solucionan el problema de la prueba de las intenciones dejando fuera de toda posibilidad el abuso de poder. Se prohíben los allanamientos sin orden judicial, no porque todo allanamiento pueda estar motivado en violar derechos de las personas, sino solo porque ese poder abre la posibilidad a la indefensión del ciudadano y se quiere evitar que siquiera sea posible.

La Cuarta Enmienda, una de las diez aprobadas dos años después de la sanción de la Constitución de Estados Unidos a propuesta de James Madison, protege contra el arresto y la investigación penal arbitrarias. No puede haber una investigación que no se base en un "motivo verosímil" ("probable cause"). Debe haber algún elemento que permita al agente público entender que se pudo haber cometido un delito y a partir de ahí iniciar su trabajo. Está vedado en particular que el motivo de la investigación sea la persona en sí. La garantía consiste en que nadie puede ser puesto bajo vigilancia para ver si se le encuentra algo, lo que es una derivación del principio de inocencia y una razonable limitación a los funcionarios públicos para que no usen su poder con fines propios. Si esta prohibición se violara, cualquier elemento incriminante que se obtuviera en la pesquisa sería nulo.

Las investigaciones de la AFIP conducen directo a la aplicación de la ley penal tributaria, sus "salidas de pesca" sobre opositores, molestos, pero también sobre cualquier ciudadano al azar, tendrán consecuencias penales eventualmente. Además de afectar el derecho de propiedad.

Sumemos la arbitrariedad en si de la legislación y la regulación tributaria, entonces llegaremos al fondo del problema, que es que no solo Lorenzetti y los disidentes están en peligro, sino cualquier persona bajo una forma de privación permanente de los derechos ciudadanos en función de la "santa recaudación"

Por aplicación del principio de la Cuarta Enmienda, absolutamente compatible con el espíritu de nuestra propia Constitución inspirada en la norteamericana, la AFIP no debería contar con la facultad de realizar las llamadas inspecciones integrales solo para ver si que encuentra o de modo preventivo de infracciones. Una inspección impositiva debería estar justificada en un "motivo verosímil" en el sentido de que se hubiera producido una ilegalidad frente a una inconsistencia o una denuncia proveniente de un denunciante indentificable y responsable frente a lo que denuncia. Porque tampoco superaríamos la cuestión con un militante de la Cámpora denunciando o un anónimo.

El Estado solo puede hacer ese tipo de controles al boleo en sus propios organismos (donde no lo hace), como un método para controlar en qué se van los impuestos que nos hace pagar. Eso es lo coherente con nuestra calidad de ciudadanos y la de los funcionarios públicos de servidores nuestros.

Pero mientras se permita que rija la doctrina de la "santa recaudación" bajo la cual cualquier arbitrariedad es admisible para que la caja estatal siga llena, no se va a resolver el problema de las supuestas extorsiones caso por caso.

La responsabilidad principal está en los jueces, pero también está en manos de los legisladores limitar los poderes de la AFIP en consonancia con el espíritu de nuestra Constitución liberal. De otro modo este gobierno podrá pasar, pero quedarán intactos los mismos mecanismos perversos para que los usen otros abusadores.

República, el paradigma contaminado

La Corte Suprema de Justicia así como está es hoy la piedra fundamental en la que descansa lo que queda del sistema republicano. Amenazada sin vergüenza por el gobierno que la invita a ser "prudente", léase, a no contradecirlo tanto en su plan de pervertir y someter al Poder Judicial. Pero aunque decida pronunciarse por la clara letra constitucional en el caso de la elección de miembros del Consejo de la Magistratura, vendrá un asalto tan anunciado como aquél golpe de marzo de 1976. Esto es el desbaratamiento de la Corte Suprema "imprudente" disponiendo un aumento de sus miembros y nombrando jueces militantes, lo que convertirá a lo que queda de Constitución en letra muerta.

Esto en el país en el que todos se cuidan de no decir cosas feas y de respetar lo irrespetable, porque años de corrupción de la dineraria pero sobre todo de la otra, han dejado una versión de "prudencia" muy imprudente que se confunde con complacencia y complicidad. Ese es el llamado al Poder Judicial: sean tibios. Y no es que a nuestros jueces les falte vocación.

En su última etapa de avance el kirchnerismo se ha ido haciendo cada vez más obvio, pero en su obviedad no siempre encuentra respuestas de fondo. Es como un virus atacando a un cuerpo listo para recibirlo. Puede que parezca que de tan burdo lo de la "democratización de la justicia" los jueces están despiertos o a punto de despertarse de la siesta del relato, pero aún queda el desafío que el virus les va a presentar. Esto es, entender a la constitución como portadora de un sistema de valores o apenas como el manual de instrucciones de un aparato cuyo funcionamiento no se entiende que los encontrará sin respuestas en la próxima etapa.

Para lo último se han formado generaciones de abogados y magistrados en el positivismo jurídico cuando se lo interpreta, es decir como el permiso para no justificar, como la liberación del problema ético (y la ética encima interpretada como un "ser mansito").

El positivismo jurídico reduce el problema de lo que es legal, a la lectura de las decisiones políticas emanadas del Congreso, o inclusive de la Constitución como mero código. Esto significa que todo lo que salga del Congreso es obligatorio, legal y (acá viene la trampa), justificado por si mismo. En realidad su mentor Hans Kelsen no pretendía justificar nada, sino crear una (fallida en mi opinión) teoría pura del derecho. Sin moral, sin filosofía, sin justificaciones.

Así han sido durante décadas los fallos y también las peticiones de los abogados resignados a vivir en un sistema autómata; lectores de artículos de códigos a los cuales obedecer, filosofando sobre la fatuidad más aplastante que se pueda imaginar, preguntándose de mil maneras "qué es" la cosa intrascendente que un legislador demagogo ha plasmado en la letra de un bodrio llamado con generosidad "ley", publicado en el boletín oficial.

Ese esquema positivista alcanza para juzgar como inconstitucional la pretendida elección de miembros del Consejo de la Magistratura. Leen la Constitución, leen la ley y la contradicción es evidente. El positivismo jurídico les dirá que la norma superior ha sido contradicha por la inferior.

¿Qué es lo que no podrán contestar por esa vía? Pues el aumento de miembros de la Corte o la creación de cámaras de Casación para pasarse el sistema por donde les parezca. Porque resulta que la norma superior no se opone a tal cosa en su letra.

Para entender el problema con ese próximo asalto a la Constitución se debe apelar al sistema de valores implícito en la Constitución, lo que se llama su espíritu. Que no es que está fuera del ámbito jurídico, sino que es su parte más importante. Una república no es una máquina de producir decisiones políticas en cualquier sentido.

En paralelo a este proceso legal se desarrollo una suerte de versión desalmada de república, formalista, apenas cívica y tonta. Una república sin libertad. Acá viene el escándalo, una república sin liberalismo. Que es lo mismo que una lamparita de Edison sin electricidad. No se dividen poderes porque sea divertido o más lindo que un solo poder. Sólo se lo divide para debilitarlo, para someterlo a una competencia interna y a controles contra la arbitrariedad, a favor de los derechos individuales que son un componente esencial del sistema. No se puede ser republicano y creyente en el beneficio universal del estado. Eso es una ridiculez que es la gran oportunidad que vinieron a explotar nuestros tiranos del momento.

Si el estado es tan maravilloso para qué tenemos jueces independientes, tendrá razón Pichetto, aquél que eligió la mayoría para proveerle felicidad no tiene que ser molestado. Ni por los jueces ni por la prensa por cierto.

No es casual que nos haya ido tan mal y nos haya salido después de tantos resfríos el virus del Ebola. Los que se identifican con el sistema republicano y con el sistema de valores que sostiene son en nuestro sistema una minoría tan ínfima que no juegan ningún papel, más que el de predicar en el desierto.

Han hecho los K y los no K de una licuadora una máquina de lustrar zapatos. O lo que es lo mismo, de una república, un "estado de bienestar" o un sistema de reparto de riquezas, o de juzgamiento de intenciones, de control del comercio, de la industria, de la palabra. Y ni siquiera advierten los segundos la relación entre las cadenas a las que adhieren y la falta de libertad que ha hecho que el kirchnerismo avanzara en su totalitarismo casi sin sangre y sin protesta, imponiendo un miedo que no se compadece con amenazas reales del poder pero si con la dependencia económica agobiante.

Mi advertencia ahora no viene como reivindicación general de esos valores, es solo una alarma porque los repúblicos estatistas y positivistas no tienen las herramientas para juzgar lo que se viene, así como los tibios no las han tenido nunca para entender que lo peor del kirchnerismo fue el principio y no este final obvio.

La única forma de declarar inconstitucionales el aumento oportunista de los miembros de la Corte (así como la verdadera inconstitucionalidad de la ley de medios), es poner sobre la mesa los valores que en el fondo han condenado por sus privilegios. Estos derivan todos de la palabra "libertad".

No se puede aumentar ahora el número de miembros de la Corte para nombrar militantes porque ese propósito siguiendo la línea histórica de los acontecimientos, las actitudes y el marco general, está sólo hecho para terminar con la independencia del Poder Judicial que protege nuestra libertad y para eso no hay ley formal que pueda estar por encima de los fundamentos y motivos últimos de la Constitución. No importa que haya pasado por todos los pasos reglamentarios que la letra de la propia Constitución.

La Constitución es un sistema que no empieza sino que termina en su letra y en todas las prohibiciones que le siguen en consecuencia. Empieza si en la rebelión de los sometidos, los privados, esos a los que se denomina con una palabra ya estigmatizada.

Es esto lo que los constituyentes pusieron sobre los hombros de los ministros de la Corte. Pero también de los ciudadanos. Y hay unos ciudadanos dedicados a la política que han asumido mayores responsabilidades que el resto.

Estar a la altura no se nada más que un problema de ánimo. A veces depende más de entender. Nada nos puede indignar si no hay dignidad. Y no hay dignidad sin los juicios de valor, que en nuestra cultura autómata han sido convertidos en desviaciones.

¿Qué cosa es la seguridad de los Estados Unidos?

"Aquellos que pueden dejar la libertad esencial por obtener un poco de seguridad temporal, no merecen, ni libertad, ni seguridad."

Benjamín Franklin

En la saga de La Guerra de las Galaxias se entiende mejor el conflicto entre libertad y seguridad que en el debate público actual a partir de la revelación de la vigilancia del gobierno sobre las actividades de la población en Internet. Y no me refiero al programa de defensa estratégica del ex presidente Reagan, sino a la película de George Lucas.

Bien a tono con la frase de Benjamín Franklin, Lucas muestra cómo el guardián esgrime el temor al enemigo como medio para fortalecerse y llega a convertirse en el verdadero peligro. Para que ese proceso ocurra siempre debe forzarse la situación de elegir entre el abismo y el quebrantamiento de los derechos individuales.

El principal peligro del terrorismo es precisamente ese y no las explosiones. Los atentados no están destinados contra las víctimas directas sino contra los sobrevivientes. A ellos se los quiere poner ante la única situación en la cual estarían dispuestos a abandonar sus principios y el ideal de libertad bajo el derecho, que es el principal obstáculo con el que se encuentran los que utilizan el terror como método de imponerse.

No es que el dilema no exista y si hablamos de ficciones basta ver el modo en que el cine de Hollywood y las series actuales tratan el problema en la actualidad con cierta comprensión hacia un poder establecido que se salta sus propias reglas y a la vez una cuota importante de desconfianza hacia los organismos públicos en los que antes sólo había héroes.

El problema de los Estados Unidos con el terrorismo no es nuevo. En América Latina el terrorismo ya produjo su daño treinta años atrás. En cierto punto el Departamento de Estado entendió que ninguna situación por amenazante que fuera podía justificar quebrantar los derechos fundamentales de las personas. En tiempo de James Carter esa política fue central en la relación con América Latina.

Ahora nos encontramos con denunciantes como el señor Edward Snowden, tratados como "enemigos públicos" por develar que la población se encuentra bajo vigilancia en sus comunicaciones en función de la seguridad nacional y en el marco de la *Patriotic Act*. El señor Puttin cuyo respeto a la libertad individual deja mucho que desear, se da el lujo de burlarse de los Estados Unidos ofreciéndole asilo a Snowden, del mismo modo en que Estados Unidos asilaba a los disidentes soviéticos en el pasado.

Habría que pensar en que consiste velar por la seguridad de Estados Unidos. ¿Es Estados Unidos otra cosa que su Constitución, su sistema de vida, los valores defendidos por los padres fundadores? No se debe confundir eso con el estado norteamericano, ni con la mera preservación de la integridad física de la población. Aquí reside el verdadero dilema.

¿Nos meteríamos en una celda para quedar a salvo de los asaltantes de la calle? La decisión que hay que tomar y por la que debería girar el debate es si la libertad vale o no más que la vida. Eso parece indicar casi toda la historia de los Estados Unidos. Basta recorrer la ciudad de Washington DC para verse abrumado por la conmemoración a millones de muertos que ha dado este país en función de una idea tan poderosa y simple como la libertad individual.

Por eso es dramático que el señor Snowden tenga que decir que nunca más se sentirá seguro por haber abierto la boca para preservar los derechos de todos los que se encuentran bajo vigilancia. Entonces lo menos que podemos decir es que no está tan claro quién defiende la seguridad de los Estados Unidos y quién la amenaza.

Ayer aclaraba este ex empleado de la CIA que en el futuro el "Estado vigilante" superará la capacidad del pueblo norteamericano de controlarlo "y no habrá nada que la gente pueda hacer llegado ese punto para oponerse a él. Y habrá una tiranía llave en mano".

Otros están pensando en como limitar la capacidad de la prensa de difundir secretos catalogados como "de estado", pero no solo los periodistas no son agentes públicos y los secretos han dejado de ser tales desde el momento en que les llega la información, sino que este tipo de medidas son por completo contraproducentes. Si algo se filtró de la oficina pública encargada de resguardar cualquier información, lo peor que podría ocurrirle al gobierno es no enterarse, sobre todo si no se entera por las restricciones que le impuso a quienes deberían informarlo. Si hay una falla de seguridad, esta en realidad queda revelada y expuesta gracias a la prensa y lo mejor que puede pasarle a un gobierno es que sus periodistas cuenten cosas al público, en lugar de que se las enteren en silencio sus enemigos ¿Qué cosa no puede lograr un espía que si pueda lograr un medio de prensa?

Lo más importante es estar muy atentos a los principios y valores en juego, para que el terrorismo no logre su principal objetivo que es que nos parezcamos a ellos. Porque si todo es igual el único orden subsistente es la ley del más fuerte, que es el terreno en el que se sienten más cómodos.

El 25 de Mayo de un país disfuncional

Pudimos ver el 25 de Mayo el significado real de la referencia a una "década ganada" con la que el kirchnerismo define su paso por el poder. La fecha que celebra un acontecimiento nacional, se utilizó para un acto partidario con las acostumbradas fantasías y auto-sobreseimientos que se conocen como "el relato". Los que ganaron la década saben que los demás la perdimos, por eso que no hicieron otra cosa que convocar a empleados, proveedores y clientes de su sistema y excluirnos a todos los demás. Demuestran con esa actitud su plena consciencia de que si ganaron la década fue a costa de todos los demás.

Lo que nos muestra el espectáculo que el kirchnerismo nos ofrece al borde del abismo es el rompimiento de vínculos sociales generales. Es la liberación que ellos ven como heroica de toda responsabilidad de ese poder que ostentan derivado de una legalidad que nos debería amparar a todos. Significa dar muerte a la legitimidad en función de la oportunidad que la legitimidad ofreció.

El negocio durará mientras fuera del oficialismo se tenga una visión autoritaria y opresiva de la idea de democracia como poder ilimitado de quién se impuso en las urnas. Si a esta privatización de los fines de la autoridad constituida se le sigue reconociendo justificación por un día en el que se realizaron unas elecciones, asimilando la asunción de un gobierno electo a la unción de un Nerón, entonces habrá que aguantársela o unirse a ellos.

Desde fuera del kirchnerismo se sigue compartiendo la posición de la mujer golpeada que permanece en el hogar en el que se dan las hostilidades. Que se queja y hasta denuncia, pero no cree que sea legítimo romper el pacto que no existe porque ya ha sido roto por el violento. Como el caballo que cree que sigue atado al palenque aunque las riendas estén sueltas.

Gobiernan para ellos y festejan el botín en nuestra cara. Al identificarse con el todo, decretan directamente nuestra inexistencia, pero existimos con toda claridad a la hora de pagar sus fiestas. No quieren deshacerse de nosotros, como el golpeador no tiene interés en deshacerse de su víctima.

Cuando se los critica, se llama a otra forma de convivir o se reclama que no se siga robando ni mintiendo, el aparato estatal tilda al disconforme de enemigo. Es decir nos coloca la supuesta legalidad en un vínculo con ella similar al que John Locke describía como "estado de guerra".

Es entonces cuando viene la estocada final de esta perversión. Repasemos lo que ha pasado con todos, desde Mirtha Legrand, al campo, Clarín, Blumberg o cualquiera de los demás enemigos señalados del gobierno; esto es la deslegitimación de la víctima y el denunciante por medio de una segunda línea del aparato de propaganda: la de los neutrales que se dicen a si mismos los serios. Unos que no denuncian al gobierno, por lo tanto tampoco lo padecen, porque denunciarlos sería ser enemigos (dado que las alternativas han sido reducidas a eso) y ellos quieren mostrarse "serios". Los serios serán el estilete con el que se terminará de asesinar la reputación de los enemigos. No solo serán atacados por el gobierno, sino también por la seriedad bienpensante, lo que los deja sin posición legítima alguna que puedan exhibir después de haber sido puestos a la parrilla.

El gobierno faccioso y autoritario produce este panorama sumamente patológico: Agrede, explica las reacciones como enemistad y obtiene la colaboración de un ejército de tibios que para estar en el medio evitarán las críticas y demostrarán su neutralidad asimilando crítica o el ejercicio de la defensa a una hostilidad y ceguera que sólo cabe asignar al gobierno.

Así pasan de a poco a convertirse en marcados y muertos civiles cada uno de los elegidos, de la mano de los que repiten cosas como "no estoy ni con Clarín ni con el gobierno", "acá hay una pelea en la que no tengo nada que ver".

O si no su variante más miserable: "no hay que hacerle el juego a la derecha", lo que es lo mismo que decir "hay que mentir para que no ganen los otros" o "que no se sepa así podemos seguir siendo de izquierda". Todos perciben que el poder y su liturgia es un lugar de privilegio y que lo perderán si dejan correr la verdad así como así sin censura o autocensura.

El kirchnerismo es enfermo, pero deja también una sociedad profundamente enferma. Eso es lo que hemos ganado.

La libertad económica es la de los pobres

La última libertad que se usa es la de expresarse sobre temas públicos. Primero está el ser propietario del propio trabajo, después poder ahorrarlo y adquirir bienes sin ser robado, realizar transacciones, planes, sueños. Algunos más desahogados pueden ocuparse de temas comunes, opinan, discuten. Pero sin ser dueño del propio trabajo nadie tiene incentivos para discutir, a lo sumo lo tendrán para revelarse.

El debate público abierto es casi un lujo. Cuando un gobierno ha llegado a controlar también las opiniones, antes ha aplastado a las masas controlándoles la vida.

La supuesta división entre "libertades políticas" y "libertades económicas" es falaz. La libertad es libertad y que se la pueda estudiar desde el ángulo económico o político no quiere decir que sean cosas distintas. Si entendemos la libertad política como aquello de participar en el debate de los temas comunes, la posibilidad de expresarse o de votar o ser votado, sin la propiedad, sin independencia, sin la ausencia del miedo a una inspección impositiva, con el sometimiento a un burócrata que te abre la valija para buscarte el pecado de comprar o no te deja comprar una divisa que te salve de la inflación, no significan nada. Menos aún para las masas ocupadas con exclusividad en su subsistencia.

Si le sumamos a esto los vicios del estado de bienestar y su hijo más dilecto el populismo, se genera una dependencia de las personas más sencillas que son llevadas a besar las manos de los demagogos y a someterse a ellos. Dejan de ser ciudadanos en todos los sentidos relevantes y pasan a ser a lo sumo votantes desesperados detrás de una dádiva de la que nunca podrán prescindir.

De manera que es un absurdo de raigambre autoritaria lo de considerar menor la libertad de hacer lo que la gente hace todos los días y mayor el regodeo intelectual de los que están lejos de aquella desesperación.

Como el resentimiento paga para habilitar al autoritarismo, se presenta el problema de la libertad económica como el de las grandes empresas. En el socialismo hay una sola empresa que concentra las decisiones políticas, se vive un control total y la pobreza se convierte en una catástrofe general.

En otras formas de control como el intervencionismo o el nacional socialismo, nuestro sistema actual, la autoridad reemplaza a las decisiones de las personas. Hay empresas también y esas empresas tienen mucho más acceso a la autoridad que las personas comunes, por lo tanto la autoridad las beneficia a la vez que destruye a las que no se disciplinan.

Los medios no tienen incentivos más que para tapar esa situación para proteger a sus anunciantes. Se mueven entre el poder autoritario directo y los intereses de los acomodados. El resultado es una oligarquía enemiga del mercado, amiga de los políticos.

Al contrario el mercado se caracteriza por la ausencia de autoridad en las relaciones en las que no exista uso de la fuerza o imposición de unos a otros. Para el común lo que rigen son reglas, no el ojo vigilante de los iluminados y "protectores". Y a las reglas tienen acceso todos. Eso que el señor Kicillof desprecia como "seguridad jurídica", no quiere decir otra cosa que el hecho de que la seguridad descansa en las reglas y no en el arbitrio de la autoridad.

Reemplazar al mercado por la autoridad no es una mera "intervención económica", sino que trastoca de modo irremediable las relaciones políticas. Sobrevivir es ser amigo de los Kicillof y como el acceso a él es difícil y requiere una cuota de miseria, está a disposición de pocos, la política se vuelve oligárquica y la economía el mundo del privilegio. Justamente para eso que llaman "corporaciones", si obedecen al gobierno, las cosas son fáciles. Para las personas sin recursos, el lugar es el de la esclavitud: "plan social" contra la identificación partidaria y la denigración personal.

Cuando el evangelio habla de pobreza en su sentido histórico, habla de esa pobreza asociada a la falta de acceso al poder en sociedades autoritarias que es la situación anterior al capitalismo. El de los pobres es el mundo de los "privados", mientras que los socialistas nacionalistas o marxistas demonizan el mundo de lo "privatizado" y glorifican el de las decisiones centralizadas.

Es un esnobismo brutal el desprecio a la "libertad económica". Y no digo elitismo, las elites son cosas más sanas, el snobismo es el quiero y no puedo, entonces me conformo con parecer, lo que requiere en muchos casos hacer padecer a otros.

Más pruebas de lo que digo no puede haber en este momento donde nuestras dictaduras latinoamericanas nacional socialistas utilizan la restricción económica directamente para disciplinar.

El mito es que en un contexto de poder limitado los "grandes intereses" están aventajados. Pero los "grandes intereses" están siempre aventajados en relación al poder político, por eso es que hay que limitar el poder político para que no puedan usarlo en su favor.

Todo esto se ha facilitado por lo que denomino la "castidad lucrativa", que es la base de este pensamiento autoritario. Así como una forma conservadora de puritanismo tiende al control moralista del sexo sin tomarlo con naturalidad en lugar de poner el acento en que se ejerza con libertad sin imposiciones, hay otra forma autoritaria moralista propia de la izquierda que es el puritanismo del lucro, que se toma como algo malo de lo que hay que cuidarse con tutores, en vez de atender al mismo problema de la libertad de las personas.

Sexo y lucro son nuestros impulsos de supervivencia, se pueden canalizar a través de tratos civilizados o de crímenes. Si se los reprime generan perversiones en ambas cosas. El problema de la convivencia es el de los medios, previo reconocimiento de lo que el ser humano es con sus deseos. El afán de lucro no está ausente en los gobernantes, si se quiere garantizar su perversión sólo hay que entregarles la decisión sobre la fortuna de las personas. Sexo y lucro libre sin tutores y sin crímenes, eso es el mercado, lo que erróneamente se llama "libertad económica".

El primer tipo de puritanismo hace ya poco daño, la sociedad se lo va sacando de encima y de cualquier modo siempre lo encaró con hipocresía. El segundo está en plena vigencia, tapado por mucha más hipocresía, pero carísima. El peor precio lo pagan los que se caen del sistema por todas las transacciones que no se hacen, los negocios que no se cierran, los empleos que no se crean, solo por el temor a la arbitrariedad y la falta de acceso a los privilegios. Esos son los más pobres, a través de una cadena de acontecimientos que empieza en el tipo de autoritarismo que más gente comparte.

La Torre de Babel del populismo

Como una Torre de Babel del estatismo enfermo que se apoderó de la Argentina en los últimos diez años, una tragedia tras otra desnuda que la vocación por el sector público es la vocación por la depredación, el autobombo y la jubilación temprana, pero que poco tiene que ver con el servicio.

Es tragedia porque los excesos como la hibris de los clásicos griegos, anuncian hasta el cansancio lo que ocurrirá, el tren que no podrá frenar, el agua que se llevará todo a su paso, el avión que puede caer, la electricidad que se corta, pero el fútbol y 678 como necesidades esenciales del estatista idealista tienen que continuar.

Todo es inevitable y nos agarramos la cabeza pensando qué es lo próximo.

El estatismo está para servir a los estatistas. La demagogia no es servicio, es el encantamiento de la serpiente. El populismo en los desastres muestra para quién lo quiera ver que su única preocupación es si mismo, y que la gente es un medio para sus fines. Esos a los cuales palmear la espalda y prometerles una heladera nueva si no hay más remedio, pero que sigan estando desesperados siempre.

El corto plazo son estadios y fotos, fútbol y fotos, farándula y fotos, bicisendas y fotos, nuevos documentos de identidad para votarlos y fotos. Y los que no están en las fotos son enemigos.

Para el corto plazo todo, para el largo plazo, las cuestiones de fondo nada. Ni cloacas, ni desagües, ni estudios, ni caminos. Eso que lo haga el próximo, nada puede detener el crecimiento del empleo público para los militantes y el llamado gasto social que asegura, mientras empobrece a los que pagan impuestos y les impiden pagar sueldos, que la miseria se eternice y con ella el reino del populista.

El tema más importante a descubrir de estas experiencias espantosas, aunque tuvimos tantas de las que no aprendimos nada, es el despropósito del gobierno nacional consumiendo todos los recursos, cobrando todos los impuestos y no haciéndose responsable de nada.

Las invasiones inglesas de 1806 y 1807 desnudaron la inutilidad de la corona española para los habitantes del Río de la Plata ahogados por impuestos, regulaciones y proteccionismo. A la hora de defenderlos eran como los intendentes de vacaciones. Los acontecimientos se precipitaron después por el cause natural de la conclusión obvia de ese desfasaje ¿Para qué estamos pagando tanto para recibir tan poco?

Los borbones nunca ahogaron tanto al país como este Estado Nacional que está para todos los actos y las puestas en escena, para pagar el fútbol y ayudar a vivir mejor a la farándula prostituida, pero para las cosas serias mejor llamen al gobernador o al intendente como les explicaba la presidente a los vecinos de Tolosa.

No es el kirchnerismo el problema, a lo sumo son los que lo explotan con mayor descaro, es el estado nacional desfasado e inútil y la desaparición del espacio de la polis, la ciudad, porque la recaudación y el gasto están invertidos. El estado nacional no le sirve a nadie casi nunca, pero es el que recauda y consume la mayor parte de los recursos; las ciudades no recaudan casi nada y reciben migajas, cuando tienen las responsabilidades más directamente relacionadas con la vida de los ciudadanos. Conversando con el intendente de Chabás, Provincia de Santa Fe, me contaba durante la crisis del campo que solo en materia de retenciones agropecuarias el aporte de su municipio a la nación era del orden de los 300 millones de dólares anuales mientras su ciudad tendía un presupuesto de 10 millones ¿No le sobraría acaso el diez porciento de esa recaudación para brindar servicios de educación y salud de excelencia, solucionar todos los problemas de infraestructura y bajar drásticamente los impuestos para que su departamento creciera sin parar?

La ciudad es el lugar al que las personas tienen acceso y en el que pueden influir, siempre que la ciudad tenga los recursos y no sea un quiosco del gobierno nacional. Es el lugar natural de la política en su sentido original, como actividad vinculada a los problemas comunes donde la hueca retórica nacionalista suena inútil porque hay que ocuparse de que no los tape el agua. Ese lugar público donde los "políticos" modernos se aburrirían, donde habría que pensar, organizarse y actuar como hacen entidades privadas cuando responden a emergencias. La polis es lo que vemos en entidades como Cáritas o las redes sociales coordinándose de manera eficiente y canalizando colaboración, como de manera natural hacemos los seres humanos sin empleados públicos.

Hay un serio problema de diseño institucional por debajo de la podredumbre política que flota en la superficie, inclusive debajo de las tragedias sin respuestas adecuadas.

Hasta podría decir que el gobierno es responsable pero no culpable. Se los ha fomentado tanto para que sean como son, se han cometido tantos errores para beneficiarlos y hay tantos incentivos para que se conviertan en unos inservibles narcisistas sin remedio que hasta dan un poco de lástima en las cima de su Torre de Babel.

El mito del Papa opositor

La idea del "Papa opositor" solo cabe en las pequeñas cabezas kirchneristas. El cardenal Bergoglio, hoy Papa Francisco, fue puesto en el lugar de enemigo en el momento de plena complicidad de la sociedad argentina con un Néstor Kirchner ilimitado, en el enamoramiento con su "estilo". Un vengador de alguna cosa, en el que un país que venía de un gran trauma podía depositar todas sus frustraciones, acompañadas de todos los permisos. Como ocurría con las botas en otros tiempos, el país era su estancia.

Kirchner suponía ser emperador y su intolerancia a cualquier crítica bastó para que una homilía en el año 2004 hablando de concordia lo viera al ahora Papa como una amenaza para su persona y cortara lazos con él evitando incluso el tradicional Tedeum del 25 de Mayo en la Catedral a partir de ese momento.

Pero si tuvieran que enumerar sus actos de enemistad, tendrían menos material que para inventarle un pasado oscuro en materia de derechos humanos. Por desgracia los medios extranjeros reciben la información contaminada por este clima creado al que nos hemos acostumbrado pero Bergoglio no ha sido para ellos otra cosa que un frontón sin vencer, alguien que no se agachó ante el poder del capricho megalómano.

La supuesta acción antikirchnerista del Papa Francisco no existe sino en la paranoia de un régimen que lo quiso poner en el centro de la difamación. Lo cierto es que ningún gobierno de los últimos 30 años ha tenido menos pronunciamientos críticos de la Iglesia a través de sus representantes que los de Néstor y Cristina Kirchner. De todos sus antecesores los prelados han dicho lo que han querido. A veces fueron duros, en general han sido críticos de cuestiones económicas sin mucha razón y nunca se tuvieron que cuidar de enojar al poder temporal como han debido hacer ante este despotismo sin ilustración.

Fue después de que Kirchner lo marcara como indeseable, repito, por sostener que el país necesitaba concordia cuando su plan era llenarlo de resentimiento, que el señor Verbisky descubrió vínculos oscuros con dictaduras del pasado, como una forma de servicio a la dictadura del presente.

Esa categoría, a la que el propio Premio Nobel de la Paz Perez Esquivel ya aclaró que Francisco no pertenece, es puramente utilitaria en manos del gran titiritero de las reputaciones. La gente entra y sale de su infierno personal de acuerdo a las necesidades de impunidad o poder absoluto de su proyecto de poder. Así se ocupa de encontrarle a Bergoglio antecedentes, que sus jueces amigos después intentarán convalidar, mientras mira para otro lado sobre la colaboración del señor Timerman,

Alicia Kirchner, o el propio matrimonio K nadando en millones. Así le inventaron un pasado convalidado por jueces sin ética alguna al señor Patti y convirtieron a Blumberg en un supuesto nazi, cuando ellos lo son. Así inventaron la historia falsa del robo de niños de la señora de Noble, mientras la tapaban cuando eran aliados.

El señor Kirchner eligió a ese derecho humanismo oportunista y ávido de fondos como aliado estratégico por su posibilidad bien aceitada de producir condenas e impunidades para construir su imperio político y económico.

Pero Bergoglio fue tan opositor como Blumberg, Cobos, el Campo, la Corte anterior y la que ellos nombraron, Esteban Righi, que ellos nombraron, el Juez de las Carreras, Mirtha Legrand o Clarín.

Todo proceso fascista moderno incorpora la tecnología totalitaria del régimen cubano de asesinato de la reputación, como una forma de aislar al rival y destruirlo civilmente. La única defensa contra ese proceder miserable, delictivo cuando se lo ejerce desde el poder, es el desagravio de la gente que nos gusta y de la que no nos gusta también cuando es injustamente señalada. Lo digo esto desde mis grandes diferencias con la Iglesia y con su Santidad en particular.

El Papa Francisco cometió la única audacia de lesa kirchneridad de no hacerse soldado de la causa Nac&Pop. Lo que ocurre es que cuando la tolerancia no existe y se construye un sistema totalitario, respirar es un desafío al poder.

Ningún pueblo tiene comandante

Hace mucho que insisto en la necesidad de reconocer al autoritarismo ejercido en nombre de las urnas en una forma poco original de dictadura. El problema no es la palabra, sino que no se quiere aceptar que estos sistemas políticos están basados en el sometimiento popular y no en su voluntad.

Una de las cosas más curiosas del espectáculo que nos ofrece el largo funeral de estado de Hugo Chávez es la pretensión de demostrar el carácter democrático de su legado con muestras de devoción casi esclava por parte de sus indefensos seguidores. Gente que ha dependido de él para subsistir, exhibida como argumento de que en el ejercicio de su adoración no son siervos de la gleba sino ciudadanos racionales arquetípicos de la polis griega ejerciendo su soberanía.

Los paradigmas de la democracia y de un criadero de aves de corral no encajan, se oponen.

Quién de hecho ocupa el lugar del poder ejecutivo en Venezuela es en realidad un heredero que trata de mantener su posición convirtiendo en dios a su antecesor y utilizando su cuerpo embalsamado como símbolo de continuidad, en una imitación expresa de otros dictadores que jamás pretendieron ser democráticos.

Si somos soberanos lo somos todo el tiempo, pero si no caminamos por la calle sin temer, si estamos explicándole a los que suponíamos nuestros empleados del sector público qué hacemos, qué compramos y a qué precio, si les mostramos las valijas y nos pueden revolver la ropa interior, pues somos unos soberanos de pacotilla, unos pobres monigotes de los que nuestros súbditos tiranizándonos no pueden hacer otra cosa que reírse.

Como en la Argentina donde tenemos un 46% que nos dicen que se tiene que callar la boca, obedecer sin chistar y pagar los impuestos mientras los apalean y un 54% mendicante que debe amar a su líder, defenderla de cualquier cosa que haga, apoyar sus caprichos del día, recordar con ceguera moral e histórica a su marido fallecido, declararse "soldados para la revolución", todo eso en nombre del principio de que el que manda es el pueblo.

¿Cuál parte es el pueblo democrático? ¿Quiénes son los soberanos?

El 46% seguro que no, nos lo explican ellos mismos. Pero el 54%, menos aún haciendo la venia en lugar de dar las órdenes. El resultado de esta democracia sin pueblo, en el que el 100% como dueño ha desaparecido, es que el supuesto soberano es el que se agacha. El insumo más barato del régimen porque cualquier grupo organizado obtiene ventajas a su costa.

Ni hablar en Venezuela donde el supuesto demócrata era llamado "comandante", como lo empiezan a denominar también sus admiradores kirchneristas, esperando en algún momento ser la corte de un orden político similar.

Que inútil el esfuerzo de convencer que son la expresión misma de una voluntad popular cuando el pueblo es tan disminuido como para ser mostrado besando anillos. En una democracia de cualquier libro los gobernantes están a los pies de los ciudadanos soberanos, el espectáculo que están mostrando es precisamente lo opuesto.

En el momento más oportuno el ex presidente de Ecuador Rafael Hurtado publicó su libro "Dictaduras del siglo XXI" que sostiene el mismo punto acerca de la falsificación de la legalidad democrática por parte de estos sistemas. Me voy sintiendo menos solo entonces. En sus palabras:

"Este modelo de acceder al poder a través de las instituciones democráticas, para luego la conducción de un caudillo, desconocerlas, manipularlas e instalar gobiernos autocráticos y formas disimuladas de dictadura, no es un invento de Hugo Chavez y sus seguidores que se limitaron a darle un toque latinoamericano. Su origen es bastante más antiguo. Se remonta a la segunda y tercera décadas del siglo XX y fue concebido e implantado por el Duche Benito Musolini en Italia y el Führer Adolfo Hitler en Alemania, con la ayuda de los

partidos fascista y nazi"

Tanta gente encima, sobre todo entre los devotos en medio de su devoción, hacen uso del término fascista mientras son instrumento de un fascismo redivivo, que es necesario aclarar que este sistema no tiene libro sagrado, acá no hay una doctrina o un paraíso al que nos están conduciendo cortando cabezas. Es una mesa de saldos donde caben consignas panfletarias, íconos y héroes del comnismo, del nazismo, del fascismo, la macumba, la música bailantera y el rock and roll. Por eso están juntos en un mismo club todos los antiliberales del siglo XXI con la teocracia terrorista incluída, porque como decía George Orwell *"No se establece una dictadura para salvaguardar una revolución; se hace la revolución para establecer una dictadura"*.

Los buenos no tienen tiempo para mirar su parabrisas

Son buenos, como gritaban los seguidores de la gobernadora de facto de Jujuy Milagro Sala, pero no se auto flagelan o son desprendidos y generosos. Lo son porque todos los demás somos malos. Ser bueno para el oficialismo, es una posición ganada a los tortazos, encontrando malos que estructuren un contraste. La bondad es la única conclusión posible al hecho de que en cada uno de sus movimientos, decisiones y conductas hay una explicación evidente que si no es vista y admitida por los demás es nada más que por su mala leche, sus relaciones con Clarín o con el imperio o con el neoliberalismo o con Mirta Legrand.

Jamás se equivocaron ni se equivocarán, como Stalin, Hitler, Pol Pot, Chávez, los Castro, Gorriarán Merlo. Si alguien dice lo contrario es un miserable, "come mierda", contrarrevolucionario, pertenece a una raza maligna, es de derecha, no quiere al país o a los pobres, es partidario de la colonia o gorila. No tienen un solo contendiente, no conciben que haya un pensamiento diferente al de ellos que no sea una conspiración. Nunca han cometido un error, todo puede explicarse por la acción de sus malvados enemigos. Por eso son buenos y cada vez que tienen un espacio en blanco, una cámara o un micrófono, nos informan que el mundo se divide entre un montón de hijos de puta por un lado y los Kirchner, Barone, los Montoneros, Ricardo Jaime, Cristóbal López y Spolsky (y siguen las firmas) por otro.

Son buenos pero no por acción, sino por definición.

Por supuesto, ellos definen, no lo vamos a hacer nosotros que ya sabemos la clase de personas que somos.

Su bondad es en general, doctrinaria y en abstracto. Aman a los árboles, a la humanidad, a los pobres, a los idealistas. Pero a la hora de concretar, de ser buenos en particular, tienen serias dificultades. Entonces las víctimas de Once tienen que ser olvidadas porque hay responsabilidad política de los propios, el ciclista del hijo de Aliverti porque la víctima es él, Yoani Sánchez porque bloquea en contra de los buenos, Julio López porque le hace el juego a la derecha (el partido de los malos) mencionarlo, los periodistas que echan de C5N porque ellos son propietarios que hacen lo que quieren con su plata, como Aníbal Fernández (a diferencia de nosotros) o Julio Nudler porque dice cosas feas de los buenos. La bondad en concreto no hace falta y los que la necesitan están fuera del foco, no existen, no son.

No hay tiempo para parar por un señor muerto en un parabrisas, ni para contarlo en el momento. Hay que redactar un comunicado varios días después declarando solidaridad con la víctima, pero en público en lugar de a la familia, porque lo relevante es hablar al mundo de ese sentimiento que confirma la bondad y no tanto a los interesados que son gente ordinaria del montón. Nadie tan importante además como para distraer la vista del bueno sobre si mismo, para despertarlo de su fascinación, de su excitación con su espejo a medida. El problema en primer plano es cómo se lo ve a Aliverti, no cómo es o lo que pasó.

Cuando se trata de poner atención a la gente en particular la cosa no es tan fácil, no hay tiempo para ser héroe en el relato y buena persona en el trato. Se puede dejar a un tipo sin trabajo por no aportar a los fondos revolucionarios o difamar sin piedad al adversario. Se puede ignorar a los muertos, a los secuestrados, a lo asaltados (porque además hablar de ellos es, nos explican, la verdadera causa de la inseguridad) y al mismo tiempo aplastar al que le dice a otro petiso o gordo y abrazarse a un árbol de la 9 de Julio.

Pero no son los buenos el único problema que tenemos los malos. Hay otros malos que quieren ser buenos y el camino de entrada para esa posición en la vida es la bendición de parte de quienes ya la han alcanzado. Es la corrección política, esa actitud tan poco digna en una situación normal y tan cómplice cuando los buenos machacan con el garrote y van por todo.

Es curioso que en pleno bicentenario de la inauguración de la Asamblea del Año XIII, hayan vuelto los fueros personales, los ámbitos de impunidad y los dobles estándares. Aceptados por beneficiarios y víctimas como en la plenitud del oscurantismo o de cualquier lacra que haya padecido y provocado la humanidad. La ley formal es la igualdad ante la ley, la ley real de los supuestos partidarios de la igualdad ante la vida que han construido este castillo moral en el que viven, el primitivo juego maniqueo de los buenos y los malos, es que lo que vale para ellos no vale para nosotros y viceversa.

¿Se puede vivir bajo estos parámetros y tener éxito? La respuesta es simple: no. Por que la ética no es un mecanismo para llegar a un cielo, ni al religioso, ni al socialista, ni al narciso-socialista-autoritario de esa bondad perversa. Es un medio par vivir mejor, siendo el término mejor no cuantificable, ni generalizable, ni macro. Un asunto de la tierra donde valen los actos, no las imposturas.

Precios o garrotes

Si los políticos tuvieran claro qué es un precio, la mayoría se encontraría sin destino y se tirarían por la ventana. Y si la gente tuviera conciencia de lo que se les quita con la expansión monetaria que este gobierno se ha tomado como la panacea populista por excelencia el país estallaría.

El precio es lo que conocemos, la tasa, de una transacción o un cúmulo de intercambios ocurridos sin violencia, en eso que llamamos mercado que es la abstracción del intercambio social realizado de forma pacífica.

Para atacar al mercado lo más común es desconocer que exista siquiera como posibilidad. Entre los seres humanos sólo hay conflictos de intereses y ganar significa someter a alguien que debe perder ¿Qué necesitamos entonces? ¿Productores? No, defensores y vindicadores, es decir, políticos. Porque ese mundo en el que la gente intercambia lo que tiene por lo que quiere no existe.

Es la explicación perfecta de la propia agresividad, que los otros empezaron primero.

La realidad no es esa. Cuando una transacción ocurre sin violencia y por voluntad de las partes, la tasa del intercambio es un precio. Ninguna otra cosa lo es. Las mercaderías llegan a las góndolas por una sucesión de precios. La gente ha trabajado e intercambiado sin conocerse, siguiendo muchos pasos desde la siembra en el campo, la cosecha, la elaboración del pan, el traslado, la conservación. Y de todos los productos y maquinarias necesarias para auxiliar esa producción. Todos hicieron sus análisis de costo/beneficio y el resultado fue que la lata de arvejas está ahí en la góndola a un precio ofrecida, que el consumidor convalidará en su caso al comprarla o no lo hará, obligando a reconsiderar las decisiones de riesgo tomadas por toda la cadena. Cuando hay precio tenemos la seguridad de conseguir la mercadería a esa tasa porque llega a nuestras manos como consecuencia de que a todos los aportaron algo para que ocurra les convino hacerlo, no fueron obligados. De manera que tenemos buenas perspectivas de saber que seguirá pasando en el futuro si la violencia sigue ausente.

La inflación altera todas las tasas, lleva a cometer equivocaciones y a calcular mal las relaciones de costos y beneficios. El gobierno imprime billetes, aumenta su oferta y por tanto la moneda que actuaba como referencia vale menos para adquirir productos. El señor que aportó el camión para transportar la harina cobró una cantidad que ya no le rinde de la misma manera para adquirir los insumos necesarios para su labor. Debe recalcular y pedir más billetes para obtener el mismo valor. Una vez que lo hace el daño de la inflación se ha detenido. La inflación no es el aumento de precios sino la causa monetaria de ese aumento que viene a ponerle fin en realidad.

Si la expansión monetaria llegara a todas las personas al mismo tiempo, los cambios de precios ocurrirían igual pero sin otro efecto que la pérdida de tiempo de cambiar los números. En valores todos estaríamos igual. El daño económico no está en el cambio de precio sino en todo el proceso hasta que todos los precios cambian, incluidos los salarios.

Para ganar más con la estafa inflacionaria el gobierno necesita retrasar la adaptación de los precios. Tiene que sacar ventaja de comprar con la moneda fresca a precios anteriores a su emisión.

Los precios sin inflación se modifican por otros motivos. Cuestiones estacionales, avances tecnológicos, circunstancias personales que hacen que las personas varíen sus cálculos de costo/beneficio para realizar transacciones.

Con o sin inflación alterar los precios significa ir en contra de la voluntad de las personas que hacen los intercambios. En el caso de la inflación, se impide al mercado asumir el problema causado por la emisión. Sin inflación, se altera la evaluación que había realizado la gente de sus costos y beneficios y por lo tanto también se alteran sus comportamientos futuros. En los dos casos el que estaba dispuesto a vender el aceite ya no lo está. En un contexto inflacionario la gente pierde la noción de si está ganando o perdiendo y se resguarda para evitar quebrantos.

Entonces aquella cadena de decisiones que llevó a las arvejas a estar ofrecidas en la góndola se ven violentadas en el final del camino. El dueño del supermercado está ahora amenazado por el estado, pero no lo está el transportista, al que aquel le comunicará que ya no puede pagar lo mismo por el producto. El estado entonces tendrá que amenazar también al transportista, y después de él al que le provee el combustible, a su mecánico, después al que sembró y al que fumigó, en una sucesión infinita de garrotazos.

Una vez que se ingresa en el campo de la violencia, no tiene fin. Es el Camino de Servidumbre que explicaba Hayek.

Pero por más que para los que se sienten amenazados por la libertad de los demás la violencia es una maravilla, es cara, es imposible poner un policía al lado de cada persona. Por lo tanto aparecen los mercados paralelos y por más amenazas que se realicen en un punto dejan de surtir efecto.

Precios o garrotes, alternativa no hay.

La historia de los controles de precios muy bien contada en 4000 años de Controles de Precios y Salarios de Robert Lindsay Schuettinger y Eamonn Butler, es la de las amenazas, la cárcel, las guillotinas y el linchamiento. Pero jamás dieron resultado, porque se pone a la gente ante alternativas imposibles a un costo político sideral.

Esa es la razón por la que el señor Moreno se encuentra que después de extorsionar a los supermercadistas va a tener que aplicar los mismos métodos con sus proveedores, y después descubrirá que no es suficiente. El gobierno se encamina al suicidio, el problema del país es todo el daño que hará en el camino y lo que costará remontar semejante destrucción.

Epica distribucionista vs realidad y justicia

En mi anterior artículo "La distribución de la riqueza no vale nada" hablé de la imposibilidad de vivir bajo la idea de la distribución sin comprometer la fuente que genera la riqueza, que no es un cúmulo de bienes existentes sino algo que debe ser creado hoy y continuar siendo creado mañana. Y de como bajo el dogma Montaigne la idea de que los pobres son pobres porque los ricos son ricos se ha apoderado de la sociedad argentina.

Tres siglos después de que Michel de Montaigne desarrollara esa idea, Karl Marx creó la noción de la plusvalía apoyándose en la teoría del valor de Adam Smith, para quién las mercaderías se cotizaban de acuerdo al trabajo invertido en ellas. Si esa era la explicación del valor, entonces el empresario se quedaba con la diferencia entre lo que aportaban sus empleados, la verdadera riqueza, y el precio de venta de sus productos; es decir la plusvalía.

Todo el edificio marxista se cae por ese error, Adam Smith estaba equivocado. Los escolásticos antes qué él comprendieron mucho mejor la cuestión y el desarrollo posterior de la economía dejó la idea del valor trabajo. Un teléfono celular hecho por mi, que llevaría una mucha mayor cantidad de tiempo que la que le tomaría a un experto, no valdría más que el que uno fabricado por cualquier marca conocida. Lo mismo pasaría con cosas más sencillas, como la ropa que visto o el cuaderno en el que tomo mis apuntes. El valor es anterior al trabajo puesto para producir un bien. El empresario es el que supone los precios a los que va a vender, considera el de los factores que va a utilizar y los combina, descubriendo un negocio que satisface al mercado. Muchas veces se equivoca y paga por ello, pero es más fácil enterarse de las historias exitosas. Incurre en riesgos y asume costos sin la certeza de que su especulación inicial se corroborará. Paga el salario de quienes contrata y los bienes de capital para multiplicar la productividad del esfuerzo. Los empresarios crean algo que vale más que la suma de los factores utilizados.

Si Marx tuviera razón los empleados harían solos sus empresas y harían desaparecer del mercado al empresario "explotador". El carácter de empresario no se adquiere por nacimiento, cualquiera que organice factores de la producción es un empresario. Otro error marxista y del pensamiento meramente izquierdista de la actualidad es el capitalismo no existen castas, hay igualdad ante la ley. Empresario u obrero son funciones móviles, no posiciones determinadas por ley. No hay clases.

La idea del valor de Adam Smith y la conclusión marxista, no explicarían tampoco por qué las empresas cuando pasan por una crisis se deshacen de empleados, si se supone que ellos eran la fuente de su enriquecimiento.

Sin embargo Marx era más serio que pensamiento meramente distribucionista actual. El creía en su plusvalía y pensaba en una solución que era la colectivización de los medios de producción, algo que fue un completo fracaso en la medida y cada vez que se lo intentó, pero al menos su teoría buscaba ponerle remedio a lo que veía como una injusticia. El distribucionismo se explica la producción del mismo modo, como una explotación del empresario hacia el obrero, pero más que solucionarla lo que busca es compensarla. Deja que ocurra, después barre con un criterio general que no es más que la excusa para elevar el gasto público y mantener parásitos y convierte al estado en supuesto "benefactor". Para la actividad política parasitaria es un pensamiento hecho a medida.

Si existiera la explotación según la explicación marxista, la distribución sería una compensación burda y brutal, un "masomenismo" sin sentido ¿Cuál es la plusvalía que contiene un litro de leche, una docena de medialunas, una corbata? Habría que medirla y en todo caso tomarla y devolvérsela a los empleados, tarea imposible. ¿Cuánto al telefonista, cuánto al que preparó la masa, cuánto al que amasó las medialunas? Cuenta complicada y misteriosa, que nunca harán. La sola existencia del mito explotador basta para suponer que hay que aguantarse cualquier política contra las empresas y cualquier exacción y recursos mediante impuestos de cualquier monto, para el posterior reparto con cualquier criterio. Es una posición casi mística, algo así como una idea del karma social, sin otro fundamento que el narcisismo heroico de quienes la fomentan, quiénes ni siquiera se preocupan por el hecho de que nunca sacan a nadie de la pobreza y generan más. Si Marx creó la enfermedad, los distribucionistas son los médicos brujos sacrificando gallinas.

Si el problema es la explotación obrera entonces tendríamos que olvidarnos de la gente que no trabaja, gente feliz que no ha sido sometida nunca. La desocupación sería una liberación.

Hay toda una corriente de pensamiento actual que se ubica a si misma dentro del derecho, llamada Nuevo Constitucionalismo Latinoamericano, que ha sido fuente de inspiración de varios dictadores de la región vestidos de cruzados distribucionistas como nuestro gobierno y los señores Chavez, Correa y Morales, que llevan adelante la explicación general de la explotación sostenida en una épica, sin plantearse siquiera los interrogantes que acabo de mencionar, desligados de las cuestiones económicas y del tipo de pillaje que terminan fomentando.

Ellos observan la realidad de países con economías mixtas, ahogados por impuestos y regulaciones, donde pocas personas viven fuera del margen por lo que el estado consume siguiendo sus criterios, pero lo que observan es una foto que parece confirmar su idea de la injusticia social. Todo lo que esté mal tiene la misma explicación, la maldad de los ricos y la bondad de los políticos cuando veneran sus creencias.

Suponen además que la riqueza seguirá fluyendo de una fuente que no tienen idea de donde está, mientras ellos la reparten, creen que los repartidos se comportarán igual después del reparto que cuando pensaban que se beneficiarían ofreciendo bienes y servicios al mercado. El despojo no solo es una injusticia hacia el pasado, también cambia los comportamientos futuros. Desconocen el proceso porque la prioridad está en el relato que los muestra mucho más buenos que nosotros. Como eran buenos los que condenaron a Galileo por ver, en lugar de creer.

La distribución de la riqueza no vale nada

Una de las diferencias que separan al pensamiento liberal del socialista es la suposición en el segundo caso de que el mundo ha sido dotado de un stock de riqueza, derivado a su vez del mito de la Tierra heredada por un Creador.

Quién resumió esta idea llevándola a la economía fue el pensador francés del siglo XVI Michel de Montaigne quién aseveró que "La pobreza de los pobres, se debe a la riqueza de los ricos".

Esa es la suposición que tiñe a todo el pensamiento que se denomina a si mismo "progresista" con todos sus matices y grados en cuanto a profundidad o superficialidad. Ludwig Von Mises le asignó con razón el carácter de dogma.

Si fuera cierto la vida sería una lucha por conseguir bienes quitándoselos a otros y el hombre sería su peor enemigo. La política sería el campo para dirimir violencia y riqueza y todo depende de quienes ganen. Si ganan los malos querrán todo para ellos, si ganan los buenos nos mantendrán a todos más o menos bien alimentados.

Es fácil así entender por qué para muchos la política o la economía son solo concebibles como una lucha eterna de clases para determinar cómo se va a distribuir el legado y quién estará encargado de llevarlo a cabo.

El capitalismo por lo tanto para este pensamiento vino a arruinar el Edén. Así es que Hugo Chávez piensa que el capitalismo destruyó al planeta Marte, exprimiéndolo.

No se qué habrá pasado con Marte pero es evidente, es decir está disponible para quién lo quiera ver, que los bienes que nos rodean, que usamos y consumimos, no estaban aquí en tiempos de (un supuesto) Adan. La lechuga de nuestra ensalada tal vez existiera como especie, pero fue la acción del hombre la que la multiplicó y la trajo hasta la ensaladera. Lo mismo pasa con la venda utilizada para curar un esguince, el teléfono celular, la ropa. Cualquier cosa que usemos tiene poco de herencia ancestral y mucho de actividad actual o reciente.

Eso es porque la riqueza es más que nada un flujo. Algo que es creado y distribuido en un contexto de colaboración, no de decisiones políticas. Lo que la política, la arbitrariedad y sobre todo el resentimiento producto de los dogmas no revisados, ponen en peligro es ese flujo indispensable para nuestra subsistencia.

Una parte importante del pensamiento político ha estado preocupado por hacer justicia sobre la base de ese mito de la herencia y por tanto también de la igualdad del hombre ante la vida, que no es lo mismo que la igualdad de derechos.

¿Pero que pasa si el stock no tiene la importancia que se le asigna? Ese es el descubrimiento implícito en los inmigrantes. Se mueven hacia lugares donde hay mayor riqueza, pero no mayor riqueza de ellos mismos. Incurren en costos para su traslado de modo que al llegar se han empobrecido respecto de su situación al partir desde su lugar de origen. Se instalan allá donde son más desiguales aún que en su lugar de origen.

El hombre acumula bienes para consumir en el futuro y para potenciar la producción mediante maquinaria y tecnología. Apoderarse de ese stock es sencillo, requiere un rapto de violencia que a la luz del pensamiento colectivista se llamará "justicia distributiva", lo que nunca se podrá socializar es el flujo que originó esa acumulación. Acabar con la propiedad no permite apoderarse de la riqueza más importante que está justamente en el flujo del que tales bienes se obtuvieron, si es que no se consiguieron con otros actos de violencia.

Quiere decir esto que se puede asaltar el silo del productor agropecuario y quedarse con su cosecha, pero que ese silo se siga llenando es algo que no va a ocurrir sin la regla de la propiedad.

Quién quiera ver un ejemplo de esto puede darse una vuelta por Cuba y comprobar como ese paraíso sigue siendo hasta el día de hoy el consumo del capital existente en la década del cincuenta, con muy poco agregado. Volar por encima de la Isla ya nos muestra su permanente decadencia. Es de los pocos lugares del planeta donde no se ven las marcas de la agricultura en los campos visibles desde un avión. El socialismo es el reino de los brazos caídos, del desinterés.

La forma en que los bienes y servicios de ese flujo se distribuyen, si no interviene la violencia, es el sistema de precios. Precio es la tasa a la cual alguien hace o entrega algo porque le conviene más que no hacerlo o no entregarlo, es decir, de manera voluntaria. La fuerza de ese flujo está justamente en eso, en que es la consecuencia de la conveniencia expresada en concreto de cada persona que ha intervenido en la producción y distribución de todo lo que consumimos. No depende de la buena voluntad, ni de los dioses, sino del respeto, la coordinación y el comercio. Es desigual de acuerdo a como uno se sitúe o a lo que uno prefiera, pero es la mejor garantía de poder mejorar la situación de cualquier individuo sin perjudicar a los demás.

Las desigualdades mueven a la acción.

Las personas se ocupan por aprender algo que genere dinero o hacerlo del modo en que sus interlocutores lo valoren más. Otras prefieren seguir sus propios deseos despreocupándose de lo que quieran pagar los demás y renuncian a las comodidades. Este es otro aspecto que el colectivismo distribucionista tampoco incorpora, que es el hecho de que la riqueza es un concepto subjetivo.

Por lo tanto para el hombre el problema no es la justicia en la distribución como sinónimo de igualdad, sino la justicia en las reglas, la exclusión de la violencia y el fraude. Es una justicia en concreto, en las relaciones reales, no una justicia general, social o política entre "clases".

El hombre colaborando sin ser coaccionado, sin que se le impongan los deseos o ideales ajenos, siguiendo sus pasiones e intereses es la verdadera gallina de los huevos de oro que hay que evitar servir en la mesa.

¿Qué es ser antikirchnerista?

Un perverso aparato de propaganda y difamación elige como sus víctimas propiciatorias a quienes por voluntad propia o por simple casualidad se ponen en su camino. Estos se vuelven contra el gobierno. Mucho del antikirchnerismo se nutre también de capas geológicas de ex kirchneristas utilizados como combustible en algún momento.

Pero también existen los que desaprueban por razones generales o de principios los criterios iniciales K cuyos resultados mucha más gente percibe ahora como negativos.

El panorama es muy amplio y heterogéneo, por eso si bien la palabra "antikirchnerismo" se puede definir como lo que se opone al kirchnerismo, los antikirchneristas en si no son definibles de la misma manera. Al menos habría que precisar que al fanático se lo puede identificar casi en su totalidad con el objeto de su fanatismo, porque eso es lo que lo hace fanático, al que se opone al fanatismo, por más que grite y se lo vea alterado por el maltrato, totalizarlo en su resistencia es una enormidad equiparable a otro maltrato. Su vida no gira en torno del fanatismo, sino que solo sería posible si no se lo somete. Para el fanático su causa es su vida, para el que padece al fanatismo, su vida es lo que es amenazado por el fanatismo. Por eso estar muy en contra del fanatismo no es ser fanático antifanático, que sería una contradicción en términos.

Hay una postura bastante perniciosa en la Argentina que consiste en igualar dos gritos, el del fanático y el del que reacciona ante el fanatismo, para colocarse en un medio geométrico. Está el poder abusador, que esta postura no niega que exista o se comporta como si fuera intrascendente, y está esa parte de la sociedad que parece no querer ni una pizca de abuso ni de ilegalidad. Como ponerse entre la víctima y el victimario, como si entre el asaltante y el asaltado lo más sabio, prudente o superado fuera decir que no se está con ninguno de los dos. Costo cero, beneficio propio aparente.

Si fuera parte del complejo y perverso sistema de propaganda y manipulación pagaría por tener gente que haga este juego, porque es como el bardal máxima compresión en el motor del autoritarismo oficial. Se podría utilizar el aparato del estado para agredir, estigmatizar y cosificar a elegidos enemigos y después estarían los "prudentes" listos para declarar el empate moral y acabar con lo que queda del lugar en el mundo de los que lo combaten.

Por supuesto que esta experiencia que señalo también puede ser negada. Negar la experiencia de quién observa es otro de los métodos de manipulación. Nada muy, pero muy feo está pasando, estamos en un país normal, con un estilo un poquito excesivo, pero por ejemplo llamarle "dicatadura" al uso del estado para destruir a la oposición ¡no es para tanto locos! Es la señora Kirchner hablando de la libertad de que se goza en la Argentina de hacerle críticas despiadadas, como por ejemplo decir que hay problemas en el mercado inmobiliario, o inflación. Eso para la señora es grave y despiadado, sin que tenga ninguna importancia si es o no cierto. Qué le queda después al que le pregunte de dónde sacó la plata o a su vice qué tiene que ver una imprenta que hace billetes para el gobierno.

Son los que están muy en contra de este "estilo" los despiadados señora kirchner, hable de ellos, pero no de nosotros que no tenemos nada que ver. Es cierto que hay unos muy malos, esos si merecen que les manden a la AFIP o se los deje sin trabajo, señora, ocúpese de ellos que nosotros somos solo los moderados que estamos esperando que usted cambie. Este es el discurso.

Tal vez con un criterio estratégico de dudoso éxito también se afirma que el proyecto autoritario busca un espejo con el cual jugar el juego de amigo/enemigo que el kirchnerismo ha utilizado desde su llegada al poder sin necesidad de tener ningún enemigo de verdad. Digo de dudoso éxito porque esta visión del problema político que genera un aparato autoritario en el poder hasta ahora ha producido sonrientes derrotas, mucha gente diciendo ohm mientras los pisan y los transforman en monstruos sin que hayan abierto la boca. El problema político que plantea el autoritarismo no es cómo mostrarse, sino cómo conducirse. Mostrarse de cualquier manera que no sea funcional al poder, siempre se verá o se mostrará mal.

Ser antikirchnerista es nada más que no cultivar el relato, ese credo flexible y variable que justifica las acciones y fracasos del gobierno y nos habla de su gloria. Pero esta es poca información sobre los antikirchneristas. Los judíos no podrían haber sido definidos como antinazis, las supuestas brujas sacrificadas no eran anti-inquisición, está mal hablar de anticastrismo en el exhilio cubano o en el venezolano de antichavismo. El nazismo en cambio era el antijudío, la inquisición era antibrujas, los castro, Chavez y los kirchneristas son antidisidentes y anti muchas cosas como el derecho de propiedad y la libertad de expresarse. Lo inconcebible es que exista un fanatismo antifanático, esa es una falacia que no se les ocurrió a los K sino a los que pretenden ser críticos pero verse bien frente a las acusaciones del aparato de propaganda.

Más inconcebible es que se pueda estar en el medio entre el fanatismo y el antifanatismo. Este firulete moral, psicológico y político es un fenómeno argentino. Lo que es muy extendido además es que a esa actitud que para Dante merecía los lugares más calientes del infierno sea confundida con la virtud de la prudencia y así nos la venden los tibios que conducen las carrozas doradas de lo políticamente correcto.

No quiero decir con esto que frente al gobierno sólo se pueda ser amigo o enemigo, sino que todos somos tratados como enemigos sólo por no estar con ellos y que este es el dato moral sobre el que hay que apoyar el análisis, no la visión superficial del estado de ánimo del que es agredido. Será entonces la percepción del gobierno como un enemigo apenas una profecía autocumplida, como el asaltante callejero que descubre un enemigo en aquel al que asaltó, como el enojo, la impotencia o la bronca de su víctima fuera algo que está en ella y no la consecuencia lógica de lo que ha padecido.

Hablar de un problema entre kirchneristas y antikirchneristas implica igualar lo inigualable en provecho sólo del agresor. Quién está violando la ley, quién está desconociendo derechos, quién está abusando del un poder dado para defensa de la sociedad y no para ponerla en guerra es el oficialismo. Nadie le está haciendo nada al kirchnerismo más que hablar de el.

Esa es una postura ruin, no moderada, ni sabia, ni prudente. Nuestra crisis moral es esa, no la burda mano metida en la lata, porque un país es un edificio delicado de acuerdos sanos que se van acumulando.

Se percibe en el aire enrarecido un temor a las definiciones claras. Si se ve un déspota, se trata de evitar el término que lo describa porque usarlo significaría casi tener la obligación de estar en un lugar poco valioso, donde hay pocos dividendos y bastantes lágrimas ¿Quién quiere estar incómodo? Hay que salir de esta con un martini en la mano.

Se le huye al blanco igual que al negro porque ha sido tanto tiempo tan buen negocio el gris que las palabras reconocidas por su peso generan el vértigo hacia un orden franco donde el simple parecer quede para siempre devaluado.

Juicio Político, la república "in extremis"

Elisa Carrió pidió el Juicio Político de la presidente de la Nación por mal desempeño en el caso de la tragedia de Once que fue la consecuencia de un sistema de subsidios a empresas amigas y la ausencia de controles de acuerdo a la investigación judicial. Nadie lo comentó. Podría ser porque no se considere que se pueda llevar adelante, pero sospecho que hay más temor y autocensura que indiferencia.

No es el primer pedido de destitución constitucional de la presidente. Ya había presentado uno el diputado De Marchi del Partido Demócrata de Mendoza durante la crisis del campo.

El grupo de intelectuales justificadores de la acción del gobierno denominado Carta Abierta, elaboró hace mucho tiempo y como si se anticiparan a un mal desempeño y la violación constitucional, un falso concepto institucional, el de la supuesta falta de ser "destituyente".

Una república es un sistema de máxima responsabilidad funcional de quienes ejercen el gobierno, que no son dueños de nada, ni siquiera de lo que vulgarmente se menciona como "investidura presidencial". Esa expresión refiere al cargo, a la función constitucionalmente definida, no a la persona que lo ejerce.

Lo contrario ocurre en una monarquía absoluta, donde no existe una responsabilidad así entendida y por lo tanto los gobernantes son incuestionables e irremovibles. Nuestra Constitución es del primer tipo, dicho esto para muchos que no lo notan. Y como no bastara esta aclaración, de manera expresa contempla el procedimiento del Juicio Político en los artículos 53, 59 y 60 para los casos de mal desempeño, delitos en el cumplimiento de la función y delitos comunes. Hay una primera instancia de acusación que debe ser estudiada primero y decidida después por la Cámara de Diputados con una mayoría calificada de los miembros presentes de los dos tercios, y luego juzga el senado para determinar si corresponde la destitución y en su caso la inhabilitación para ejercer cargos públicos en el futuro.

Pero Carta Abierta no cree en la Constitución como instrumento ni como deber ser, sino en la voluntad ilimitada de un salvador etéreo que hará justicia en un sentido político y por lo tanto debe ser liberado de los obstáculos que le plantean los opositores, el Poder Judicial, el Congreso, la Constitución y la prensa, que responden a los malos.

Este pensamiento sectario requiere la liberación de toda constitución que no sea una que diga que el gobernante elegido hace lo que quiere para la izquierda y que los gobernantes elegidos no pueden hacer nada si no son de izquierda. Porque el poder, si es de izquierda, es la justicia, la verdad, incluso la realidad.

Tenemos un gran problema porque esto ha arraigado, se está instalando aún cuando es posible que el gobierno como tal esté destruyendo su popularidad, porque no solo se ha visto reducida la libertad de votar y opinar por la vía de la compra de la voluntad, la extorsión y la persecución, sino que la sociedad se va tornando cada vez más dependiente del aparato del estado. Este sectarismo travestido en doctrina constitucional muestra sus resultados cuando las cosas más absurdas y falsas son gritadas como verdades reveladas.

Carrió nos recuerda en un momento en que esto está más maduro y visible para más gente que en el 2008, que se supone que somos una república y por lo tanto los cargos se pueden perder. No es tan importante que el Juicio Político se pueda llevar a cabo como recordarle a todo el mundo que la colaboración de todos los que no son parte del esquema de poder descripto está basada en otras reglas de juego que no son las que se están aplicando, pero que son las legales. Define más que el comportamiento del Congreso o el futuro de la señora Kirchner, la posición política, jurídica y moral de todos los que no son parte del nuevo Edén, que como sabemos está bastante lejos de ser conducido por puritanos.

Una de las razones por las cuales estos regímenes como el nuestro están haciendo estragos y paralizan a la oposición es que mientras ese poder abusado hasta el cansancio pone a los opositores fuera del sistema, estos se sienten parte y no se quieren salir, entonces padecen los inconvenientes de ambas situaciones sin ninguna de sus ventajas. Salvo las personales que muchas veces los callan, de tener oficina, sueldo, viajes y placeres a los que no habían accedido antes y por los que venden su dignidad.

Y eso les pasa porque parecen haber entendido que estar dentro es ser ovejas, han olvidado el principio de responsabilidad republicana y cuando la palabra "destituyente" les suena a pecado, se han comprado todo el veneno que los paraliza en la telaraña de aparato que los está fagocitando.

Lo de Carrió ahora es importante más que para ver si la presidente va a ser sometida a un juicio político, si se alcanzarán los votos o si en la campaña electoral otros acompañarán esa idea, para despertar a la oposición y a la sociedad paralizada.

Carta Abierta ha querido asimilar esta institución fundamental con los recurrentes golpes de estado del pasado, pero es todo lo contrario a una ruptura constitucional, es un elemento de resguardo para preservar a la Constitución de los golpes del poder contra su supremacía. Nunca se usó contra un presidente, mi sospecha es que si se hubiera usado de manera oportuna los golpes de estado no hubieran ocurrido. Más allá de cual hubiera sido el resultado, el solo hecho de que exista una instancia para exponer con toda crudeza la responsabilidad de la máxima autoridad del país, hubiera fortalecido a las instituciones.

La respuesta evasiva más común es que los números no alcanzan para abrir el juicio. En primer lugar tenemos una campaña electoral este año en la que este tema debería exponerse, pero lo importante es que la república no sea vencida por desidia, por estar dormida, por pensar que soportar el autoritarismo es una virtud constitucional, cuando es todo lo contrario.

Ni siquiera es relevante si este pedido específico de Carrió es correcto, el mal síntoma es que no se hable del asunto. Una diputada destacada, ex candidata a presidente que está implicando al Poder Ejecutivo en la muerte de 51 ciudadanos, es un hecho político que debiera requerir la máxima atención, ser objeto de debate, de artículos a favor y otros en contra, de aclaraciones, de conferencias de prensa de todas las partes. Despierta Argentina.

El orden paralelo del resentimiento

Un auténtico bueno para nada como el señor Juan Cabandié, legislador del kirchnerismo en la ciudad y miembro de la agrupación de "soldados" de Cristina Kirchner llamada "la Cámpora" es el juez de los ingresos, el tipo elegido por la providencia para ver cuánto deben ganar los demás, el enviado de alguna divinidad para quitarles a unos y darles a otros, aunque en su vida no se le conozca logro alguno, siendo un grandulón, más allá de la explotación política de su historia familiar.

No es el único, pero es un símbolo de lo que me interesa destacar, que es el gusto de la masa creciente de inutilidad de argentinos que se dedican a la promoción de la criminalidad distribucionista estatal del dinero que se ganaron otros. Y como ya el gran profesor no existe al lado del burro, hoy tiene un espacio en La Nación para decir "Dudo bastante que haya personas que tengan problemas de ingresos en Barrio Norte" ¿A quién le importan las dudas del señor Cabandie, más allá de la muestra de decadencia general implícita en el hecho de que alguien publique sus declaraciones?

En fin, mejor acostumbrémonos porque es éste el nivel al que hemos llegado cuando pasamos el piso de las peleas de vedettes. Lo relevante es la facilidad con la que alguien es juez de los ingresos, y del lugar donde vive la gente y se cree ganado el pedestal de la épica inmoral que es para todos la función de la política. Más ricos parece haber en Puerto Madero, pero mejor no hablar de ese barrio porque lo habitan muchos nuevos ladrones oficialistas.

El punto es que en el Barrio Norte hay gente de todo tipo, es la visión resentida social, que en la Argentina es virtud, la que alimenta el mito de que el Barrio Norte es de millonarios, pero si fuera así nadie le debe nada a Cabandié.

Aclaremos, el resentimiento social es más que envidia, que además de ser un pecado es un sentimiento deleznable y destructivo hacia aquel que tiene motivos para estar feliz. El resentimiento social implica que se aplica a grupos generales, la compensación particular por las cosas que el resentido cree no tener y merecer sin motivo alguno que lo justifique. El resentido social no merece nada, porque no se trata de alguien que ha perdido lo que se ganó, sino de alguien que no tiene lo que no se ganó, interpreta que la felicidad de los otros es sólo suerte y asume que es justicia despojarlos para no resolver otro problema que el de su propia debilidad frente al mundo. No soluciona nada porque no le interesa solucionar nada, todo su juego es la búsqueda de la satisfacción de dañar.

Pero resulta que Barrio Norte, que no es ya el destino soñado de los que roban con el estado, está habitado como cualquier lugar del país por gente que salvo excepciones se merece lo que tiene. Pero no se lo merece en base a un juicio general de cuánto creemos que tienen que tener los demás o cuánto les sobra en cuanto a recursos materiales, sino que la adquisición de tales bienes ha sido pacífica y jurídica, es decir ha ocurrido en un marco de trabajo y negociaciones particulares realizadas sin violencia, dando servicios o vendiendo otros bienes, a cambio de los cuales otras personas han pagado un precio con dinero que a su vez obtuvieron por las suyas. Para tener un inmueble se requiere una escritura pública, que se basa en la idea del título perfecto, la sucesión de operaciones jurídicas intachables que ocurrieron hasta que el propietario lo adquirió de un modo legal. Las personas comunes, las que no son como Cabandié unos mantenidos de la política, sólo pueden discutir lo que tiene otro en base a mejores títulos. Desconocerlos o relativizarlos porque estomacalmente unos resentidos que votan resentidos decidan que fuera de ese orden de las transacciones legales hay otro orden paralelo basado en sus bajos sentimientos, no es algo que puedan hacer las personas comunes pacíficas que carecen de los resortes del uso de la fuerza. Hay un estado, es decir toda una organización política cuyo supuesto fundamento es el bien común, que por un lado supervisa la legalidad, pero que por encima de eso que opera en contra de eso mismo en base al mal que los resentidos planean hacer a los que tienen lo que tienen porque lo han conseguido por si mismos.

Entonces Cabandié tiene un lugar en el mundo y en La Nación y se convierte en un personaje al que hay que escuchar y ver y aceptar sus juicios de disvalor para ver como hace de eso una ética.

Uno es el circuito de la justicia y el otro el de la injusticia, por más que le llamen "justicia social" a una manga de ladrones que han decidido que no tienen nada de qué avergonzarse.

Otro argumento en favor de las drogas libres

La prolongación de la vida humana es un artificio. También lo es el mejoramiento de la calidad de vida y todo lo que no sea tomar una naranja de un árbol silvestre o cazar una liebre. Con el sistema natural destruiríamos en muy poco tiempo nuestro propio ambiente en los volúmenes actuales de población. Está claro que no es el naturalismo el conservacionista, sino al contrario. El naturalismo verdadero es extractivo, no productivo. Hay variantes y grados por supuesto, pero el punto de este comentario es otro.

El artificio de los antibióticos, los desinfectantes, las cirugías y los estudios complejos que los expertos pueden hacer nos llevan a vivir lo que vivimos estas generaciones. Nuestros genes operan en un sentido y nuestra consciencia en otro. Tomo partido por la segunda y pienso que hay que darle mayor libertad, hay que dejarla andar, probar, ver si puede todavía ganarle más batallas a la genética y a la biología. Pero siempre que la consciencia actúe sobre su propio soporte o en colaboración con otras consciencias en iguales condiciones, es decir, la decisión tiene que ser individual.

Hay personas que en todo su derecho eligen eliminar ciertas ventajas como las transfusiones de sangre en función de sus creencias trascendentes. Están en todo su derecho. Pero también lo están a seguir por otro camino los demás.

Lo que no debe haber es control político, porque eso pone a unas consciencias por encima de otras.

Ahí naturalismo o artificialismo se convierten en crímenes, en violaciones de derechos y la solución es poco inteligente porque el avance del ser humano no depende de una autoridad que determine qué cosa está bien, sino en el descubrimiento experimentando de los errores. La autoridad no admite revisión, el sistema de gurúes, brujos, dioses, presidentes, médicos autorizados, psiquiátras oficializados, diputados, senadores, adolece de este grueso problema de entorpecer las vías de aprendizaje y de hacer eternos los errores.

Hasta aquí hemos llegado en la lucha entre los que quieren controlar y los que quieren ver. Después de un corto período en que se entendió que la autoridad era un problema a delimitar de manera severa, la humanidad volvió a las andadas y busca padres entre los que cobran impuestos.

La gran cuestión para mi es que prolongar más la vida, hacerla más rica en términos de valores humanos, no genéticos, necesita más elecciones no más reglas. Necesita que se pruebe y se vea lo que pasa, el grueso de la población sacar ventaja de los más osados y ver cómo les va, dejar a los mejores actuar y beneficiarse o perjudicarse.

Puede haber gente que decida vivir menos fumando ¿Cuál es el problema si no hay una autoridad que nos obligue a los demás a hacernos cargo de las consecuencias? Tal vez el señor tenga una vida corta pero muy buenos amigos que de acuerdo a su evaluación valga más. Es decir que tampoco la cuestión es la prolongación de la vida como un absoluto, el mejoramiento de la vida, de acuerdo a la consciencia individual puede consistir en un aumento de su calidad en unos términos que los demás no tenemos por qué compartir. Pero tenemos la enorme ventaja de observar y de discutir.

Pensemos en ambas dimensiones, la cuantitativa y la cualitativa. El acceso libre a las drogas y junto con eso el fin de las recetas, es un requisito para que vayamos mucho más allá de donde estamos hoy.

Manejamos nuestro estado de ánimo durmiendo bien, juntándonos con gente agradable, yendo al cine. Habrá quienes elegirán una pastilla, o un buen vino, un chocolate o una pizza napolitana. Harán su apuesta en esa escala entre lo natural como viene dado y lo artificial como un experimento de la consciencia. Y nuestra vida como se viene dando ganará en calidad y cantidad. Al menos creemos vivir mejor que en las cavernas y eso no deja de ser un juicio de valor que alguien podrá discutir.

Seguirán discutiendo los anti tabaco, los anti alcohol, los anti marihuana. Que lo hagan como lo hacen los Testigos de Jehová. Pero que no se impongan con las armas en la mano, ni los primitivismos reconocibles ni los más exitosos.

La conclusión es que nos está quedando demasiado chico el

modelo del gurú y el papá. La humanidad necesita hacerse adulta para ser mejor, en los múltiples sentidos en que lo puede ser.

El amor populista

Evita vive, también viven Néstor Kirchner y Hugo Chávez. Viven porque los pueblos los aman. Eso dicen los carteles y los partidarios a los gritos, para lo entiendan todos los que lo quieren negar. Hay que aceptar esos milagros, si no se enojan.

La señora Kirchner no pudo ver a su amigo del alma en La Habana. Cuba es la sede del gobierno venezolano pero no porque esté Chávez ahí, sino porque los que pretenden usurpar el poder en un país que se ha quedado sin gobierno con apariencia legal no están en condiciones de repartírselo o tomarlo por si mismos. Los contendientes no tienen la fuerza de imponerse y por lo tanto aceptan la delegación a la central del fracaso más exitoso de la historia que es Cuba. En un sistema que tantos estuvieron dispuestos a llamarle democracia, muerto o al menos salido del juego el hombre fuerte no son capaces de llevar a cabo una sucesión legal, justamente porque era todo una gran mentira. Ni una carta dirigida a la Asamblea pudo firmar el Chávez que mantienen vivo.

El vacío entonces se llena con ese amor, como el que la señora Kirchner guarda por su marido, todavía presente en su luto eterno porque no se ve pese al tiempo transcurrido con la fortaleza para ser ella la dueña de la Argentina por las suyas.

En Venezuela las manifestaciones de esclavos están llenas de exclamaciones. Ante las cámaras de televisión la gente tiene un no sentido pero muy gritado discurso de que Chávez fue un hombre adorable. Chávez vive y vivirá por siempre, afirman todos. Porque no lo pueden dejar morir, no saben qué hay después de él. Y así como la señora Kirchner hace de su marido un insumo, la familia del dictador venezolano se presta al uso y abuso de su amado.

Antes para chupar medias, ahora para creerse todos que la media sigue existiendo y rindiendo; nada hay más instrumental en el populismo que el amor. De arriba hacia abajo, de abajo hacia arriba y para los costados también. En cualquier momento los que se aman se matan.

Ni delibera, ni gobierna, ni le importa a nadie

La gente no gobernó jamás, no gobierna ni gobernará jamás. Gobierno implica subordinación, mando y obediencia. En la tradición judeo-cristiana occidental se ha hecho un gran esfuerzo para justificar por qué alguien gobierna y por qué los demás obedecen. El último intento ha sido el de que es justo que alguien gobierne porque los gobernados lo han elegido para hacerlo. El populismo sabe dos cosas, que la democracia aparente otorga indemnidad y que la gente puesta a depender del gobierno es políticamente inofensiva.

No fueron los países latinoamericanos los que inventaron el democratismo hueco ni los que le agregaron el elemento crucial para transformar al populismo nacional socialista en el crimen político perfecto, esto es la vigilancia y la santidad fiscal. Eso es producto de la creación del impuesto a las ganancias, más el control al mundo para restringir el comercio de drogas y sus flujos de capital, más la viveza de proteger a los propios bancos y financiar al gobierno, que sumado a "votar es legitimar" como si eso fuera sinónimo de libertad, hicieron de los empresarios del parasitismo los tipos más felices de la tierra.

Chávez perdió el plebiscito en el 2007 y se suponía que no podría ser reelecto para el período que se inició sin él ayer. Sólo esperó a que el peso de la jaula redujera más la perspectiva de sus súbditos y lo volvió a hacer, con otro resultado. El poder sin límites moldea al voto y no el voto al poder. Ahora ha logrado continuar sin que se sepa siquiera si está vivo o en uso de sus facultades mentales. En realidad hay hoy un gobierno de facto en Venezuela, pero a nadie le interesa, porque nadie creyó nunca que un "comandante" fuera la expresión de la voluntad de un pueblo libre, porque solo puede serlo una nueva forma de esclavitud; con esclavos moviendo la cola ante su dueño.

Toda la población es víctima, incluidos los lacayos. Agradecen como las gallinas las migas que desparrama el sistema de privilegios y se ocupan de combatir a los disidentes que ponen en juego su ración. Están incapacitados de ver qué cosa hay afuera de la jaula. El populismo y toda forma de totalitarismo reducen el mundo, apagan los sistemas de información y ponen a las gallinas a cuidar los granitos que les tocaron y que las hacen sentirse cómplices del sistema, cuando son burros de carga uniformados. Como el perro que defiende a su amo y se siente parte de la casa pero duerme en la cucha y come galletitas con mal olor.

Quienes gobiernan son una ínfima minoría siempre pero no solo entre la población en general, sino entre los partidarios del gobierno. Quienes disfrutan de los privilegios son esos pocos, los lacayos apenas son rescatados del mar de inseguridad y miseria creado por el sistema y por eso creen ser parte de la banda y se aferran a lo poco que les dan.

Al resto les queda la simulación de que son parte del gobierno porque hay urnas donde ponen votos de vez en cuando.

Problemas difíciles de resolver. El perro se ve como parte, pero no tiene la posibilidad de cuestionar que lo es como perro.

Pero así como la población no gobierna ni ha gobernado jamás, tampoco se ha liberado ni se liberará jamás por propia iniciativa. Eso es trabajo también de minorías. Minorías que vean la jaula, que comprendan las relaciones, que se den cuenta de que la política en este contexto no es ni debatir "proyectos" ni hacer encuestas, sino de encontrar o hacer agujeros al cerco. Las víctimas activas y conscientes de los despotismos no luchan por ganar el favor de aves de criadero, sino por deponer un sistema.

En defensa de los pobres buitres

Buitres

Poco falta para que los jóvenes y no tan jóvenes de la Cámpora se pongan a cazar buitres para llevárselos a su reina como quién le ofrece una manzana a la maestra. Pero los pobres animales qué daño hacen, se alimentan en general de otros animales muertos, es decir son ecológicamente casi vegetarianos. Es fácil apelar a ellos para generar rechazo porque están lejos de ser elegantes a la hora de comer y si se los usa para asustar a los niños son ideales ¿Quién quiere ver comer cadáveres? Buitre pájaro malo está muy bien para que los chicos obedezcan, en un formato educativo de la época del viejo de la bolsa, un poco escabroso pero efectivo, un poco alejado de los gustos actuales por Avatar y Pocahontas.

Héroes

Volvió la Fragata Libertad pero no de alguna batalla sino de un embargo en Ghana, donde estuvo secuestrada por pedido de fondos tenedores de deuda impaga argentina, llamados buitres.

El rescate no lo produjo la Armada Nacional, ni tampoco la tripulación escapó repartiendo cañonazos, fue todo cuestión de abogados y de invocar que como estado la Argentina tiene privilegios. Es decir Zafamos.

Pero la señora Kirchner organizó un espectáculo épico con aviones haciendo acrobacias, humo celeste y blanco y un acto reservado para fanáticos a los cuales se les pueda decir cualquier cosa que igual van a aplaudir. El único interés del auditorio era demostrar subordinación sin valor, por eso no se veía entre la concurrencia, en un acto que pretendía ser nacionalista, ni una sola bandera. Todas eran identificaciones tribales de distintos grupos que buscan puestos públicos y compiten por la atención presidencial.

A ese tipo de público hablarle de buitres es muy útil, no se van a plantear cosas como quejarse por el hecho de que en la comparación pareciera que el país es un cadáver.

Pero de cualquier modo no es así, nadie nos quiere comer, sino que nos quieren cobrar. Escuchan discursos presidenciales y se preguntan por qué un paraíso, el mejor país de la tierra y del universo no se hace cargo de los que les debe o negocia con ellos y tiene que cuidarse de no pasear sus bienes por el mundo para que no se los quede algún acreedor.

Es como una señora que se viste con su mejor vestido y se adorna con sus alhajas para concurrir a una fiesta de gala y se encuentra que le quitan el collar que más quiere, me decía un abogado hablando sobre la situación de la Fragata en Ghana. A mi me parecía, le dije, que era más comparable con esa señora que va de fiesta, sin haber pagado la cuota del televisor o la cuenta de la luz.

Después de que los granaderos entonaran la pieza clásica "Avanti Morocha" para no estar fuera de tono con el fervor kirchnerista, llegó la señora en el helicóptero dejándose ver en el horizonte marino. Vaya uno a saber si esa era la mejor ruta, pero sin duda era conveniente para los productores de espectáculos que se encargan de la estética fascista aggiornada de los actos oficiales. Abrió el acto diciendo "Patria si, colonia no", porque seguro que hasta hace unos días éramos colonia de Ghana, mientras que Estados Unidos nos dio el apoyo y Gran Bretaña nos ofrece en alquiler sus mejores aviones para los viajes presidenciales.

Dirigió un reconocimiento a la valentía de la la tripulación y su capitán, que le dedicaron, se supone, una placa por su maravillosa defensa de la soberanía nacional, aunque no venían de batirse con la armada del país africano, sino de esperar tomando mate a que los abogados hicieran su trabajo.

En la explicación de la maldad de los Fondos Buitres siempre está el horrible deseo de ganar que tienen por haber comprado una deuda en el momento del default a un precio ínfimo, para cobrarla después al cien por ciento. Si sacamos a las alimañas y los cuentos para asustar niños, podemos ver que el deudor recibió un capital al cien por ciento y está tratando de quedarse con una parte que no es de su cuerpo comido por un buitre sino de su víctima, el pequeño acreedor que en el momento del gran paga Dios, no está en condiciones de litigar por años. Los fondos que compran deuda en default, compren al diez por ciento, al veinticinco o al porcentaje que sea del capital nominal, están sosteniendo el precio porque de no existir esos papeles hubieran servido en su momento para encender un asado. Me refiero a la época en que se comía carne en la Argentina.

Los fondos concentran volumen y por lo tanto están en condiciones de esperar, molestar, embargar fragatas, atosigar al acreedor que dijo te pago el veinticinco por ciento, si no te gusta embromate y te doy un plazo más allá ni me vengas a hablar porque la puerta estará cerrada.

Igual no está muy claro si lo que hay que aplaudir es el pago o el no pago, porque en el mismo discurso la señora Kirchner se jactó de toda la deuda que había cancelado su gobierno y su antecesor y marido. Los militantes de la Cámpora y los empresarias Boudou, Bonafini y Carlotto aplaudieron ambas cosas con la misma algarabía.

Por supuesto que los deudores a veces fallan y tienen problemas, pero poner a los acreedores seducidos por una poco fundamentada seriedad de un deudor que les pidió dinero en su momento, en el lugar de los malos de la película, es un tanto caradura.

Los estados en realidad deberían ir a la quiebra, y debería terminarse con las inmunidades que no tienen fundamento moral alguno. O al menos en un proceso de quiebra limitar al mínimo los bienes inembargables para el funcionamiento básico del estado fallido. Ni las embajadas, ni los barcos escuela, ni las compañías aéreas, ni los regalos que reciben los presidentes, son necesarios para el funcionamiento de un gobierno. Ni para la población que en teoría (bastante graciosa) ese gobierno sirve. Entonces las situaciones no se eternizarían como la de la Argentina, los que venden deuda pública a cambio de jugosas comisiones tendrían que hacerse responsables frente a sus clientes, y los acreedores cobrarían lo que es posible y no lo que le queda cómodo al deudor.

En nuestro caso nos vendría genial el remate de Aerolíneas Argentinas, tierras fiscales inútiles, el Fútbol para Bobos, YPF, Canal 7 y Radio Nacional. No pretenderíamos que se lleven el contenido porque después nos harían otro juicio, pero al menos nos sacarían un gran problema. Para ser estatista entonces habría que ser ricos y tontos y no pobres y tontos como ahora.

Aunque les parezca a muchos muy nacionalista acompañar todas estas muestras de falta de vergüenza, siendo nosotros principales acreedores en servicios incumplidos y deudores en impuestos e inflación no consentidas del mismo estado que aquellos fondos, lo más lógico parece expresar solidaridad con ellos a los que les toca padecer la estafa de un estado depredador una vez en la vida, mientras para nosotros es rutina y no agitar las banderitas, que somos tan víctimas como ellos del mismo victimario.

La formalidad de explicar

El chavismo piensa inaugurar un capítulo más en la historia de la simulación que es este recuerdo de república y democracia dentro del cual se construyen vulgares dictaduras. Vulgares en cuanto a sus modos, a sus protagonistas, a sus explicaciones, a sus vueltas a explicar lo que no cerraba. Dictaduras en cuanto a que lo único que rige, lo que no tiene que ser explicado sino que es el origen de todas las explicaciones, lo único que no es una formalidad, es la voluntad del poder.

Ya hemos llegado a las asunciones presidenciales virtuales. Si Chavez esta vivo, muerto, en estado vegetativo o en coma, da igual, se trata de una formalidad, como la república y la democracia ya son formalidades. Lo que sabemos y es cierto, el fondo, aquello que esas formalidades cubren es que Chavez es el dueño del poder y si quiere se lo da a Maduro y este si quiere negocia algún arreglo con el señor Cabello, así como es cierto que la población es espectadora. Por más que vote, lo único que se les explicará es como es que esto sigue siendo una república con una constitución y si no les gusta es porque son de la derecha, malos o locos. ¿Quién le teme a la población? ¿Qué van a hacer, manifestarse? Que lo hagan, a ver si se enteran de que no tienen ni las armas ni el poder impositivo, ni la facultad de examinar la vida, obra y patrimonio de quien se les antoje, ni los resortes para perseguir, ni son los que autorizan a los quioscos a existir, que se han creído aquello del intervencionismo que los iba a beneficiar y de repente se dan cuenta de que no son dueños de nada, ni de sus dólares ni de hablar, ni mucho menos tienen acceso a los organismos internacionales, de los que los déspotas no son jamás expulsados.

La Argentina está entre las mejores alumnas, pero también hizo escuela con el peronismo y el kirchnerismo es el paroxismo de la simulación de la explicación.

Pero no a todo el mundo le resulta fácil entender la diferencia entre la realidad y la propia simulación. Si algo caracteriza a esta época son los bandidos airados, ofendidos, pontificadores. A los vagos levantándole el dedo aun gran profesor.

Las pastillas son las que tienen que apagar a esas consciencias alteradas, atrapadas entre el fuego de un relato que les dice que son héroes y una realidad que les dice que son bandidos.

Los pequeños monigotes tienen su conflicto entre ser unos miserables sin destino cabezas huecas sosteniendo una cleptocracia o ese relato en el que juegan el papel de samuráis en Twitter.

Es todo tan grueso.

La señora Kirchner descontrolada el fin de semana hablando de "hipotecas" de automóviles porque la Justicia y el Derecho son una formalidad que entorpece sus deseos de venganza que son la única ley ¿Qué se creen que son los jueces? ¿Y un actor, con todo lo que ella corrompe a los actores, de dónde sacó que puede hablar de su fortuna? ¿Qué formalidad se tragó ese individuo? Por otra parte ¿cuál fortuna, quién robó? El mundo de las formalidades es el que hay que clausurar. Lo único que restablecerá la eficacia de las pastillas es que la realidad sea por completo derogada. Ese es el camino a la violencia extrema.

Hasta ahora parecía que los problemas eran las formalidades llamadas democracia y república. Pero ya pasamos ese punto. El problema son ya las explicaciones. Cualquier explicación. Incluso la explicación de una monarquía absoluta no serviría y enseguida debería ser revisada por el relato. Esta es en realidad la crisis de la necesidad en si de explicaciones del poder, la vuelta a la situación en la que gobierno y asaltante no eran dos realidades sino una sola. Después vendría Occidente con su mitología justificatoria y sus varias ideas de legitimidad. Ropajes que todos les quedan incómodos a los nuevos déspotas. No quieren ninguno porque ninguno les dura más allá de cada cambio de humor.

Al poder chavista kirchnerista no le cabe ninguna idea de legitimidad, no es que no le caben las republicanas y democráticas. El relato es la flexibilidad, el relato es la no explicación, el fin de las explicaciones por la vía inflacionaria de tener tantas, todos los días, una diferente a otra y contradictorias; construyendo la lógica desde la conclusión hacia las premisas.

Cuento: Renacer

Renacer

El día

Se volvió a subir a toda velocidad al mismo taxi del que se acababa de bajar en Paseo Colón y Bartolomé Mitre.

— De vuelta al mismo lugar de donde vinimos

"No me diga que se olvidó algo" dijo el taxista, pero el pasajero tranquilo y conversador que se había subido a su auto media hora antes era otro que esta persona que veía por el espejo retrovisor agitada, mirando para todos lados, chequeando el reloj a cada minuto.

Sebastian había recibido recién el llamado que esperaba desde hacía dos meses para cumplir su parte del plan. "No hay mejor ciego que el que no puede ver" dijo la voz en su celular desde un número no identificado.

Por eso corría, por eso hubiera querido tener el acelerador a su cargo o ser llevado por un helicóptero. Por eso ya no hablaba con chofer ni le contestaba sus comentarios. No importaban el taxista, ni lo que estaba por hacer antes de que lo llamaran. Lo único que quería era llegar antes de las once, para correr el programa Renacer y que la fiesta comience.

Estaba abrazado a la carpeta que traía, las dos manos la sostenían con mucha fuerza como si fueran su única conexión con el mundo, por si despegaba el planeta como un cohete y existiera el riesgo de que se fuera sin el. La gente que veía manejando sus autos, caminando apurada o esperando en la parada del colectivo no sabía lo que estaba por pasar, que sus vidas estaban a punto de cambiar ¿Qué fecha es hoy? ¿Que fecha? ¿Qué fecha? Vamos por partes, pensaba, es febrero si. Es febrero y es... Hoy es 24 de Febrero de 2018. Era el día, esperaba vivir para ver el cambio de nombre de alguna gran avenida por el de 24 de Febrero.

El taxista lo vió bajar la cabeza, apoyarse sobre la carpeta que estba sosteniendo y cerrar los ojos. Cuando los abrió se veían húmedos.

"¿Le pasa algo amigo?"

– No, nada, solo un problema familiar.

Al llegar abrió la puerta antes de que el automóvil se detuviera. Sacó del bolsillo un billete de mil para pagar los ochocientos sesenta pesos que marcaba el taxímetro y le dijo al chofer que se guarde el cambio. Ni esperó el agradecimiento y ya estaba debajo cerrando la puerta y dirigiéndose a toda prisa hacia su casa.

Subió lo dos pisos por la escalera. Tropezó antes de llegar y soltó la carpeta para poder sostenerse en la pared. La dejó en el piso, abrió la puerta del departamento y la cerró tras de si con un gran golpe. Se sentó en el escritorio, encendió la computadora y esperó lo que le pareció una eternidad hasta que la máquina estuvo lista para recibir sus instrucciones. Sostuvo la tecla Ctrl+Shift y digitó el código 962DUT915. Se abrió la pantalla de Renacer.

"¿Listo para el renacimiento?" dijo una voz desde la máquina.

"Si", respondió.

"Diga el código por favor"

"AA45832 ZRT 493 5127".

"Correcto, llave número 3 abierta. Solo quedan 2" respondió Renacer.

Se levantó de la silla, se tomó la cabeza mirando al techo. Se sentó en el sillón, se tiró hacia atrás y comenzó a llorar. Toda la tensión de los últimos cinco años desde que fue reclutado en Renacer se liberó en esas llanto que no se detuvo durante varios minutos. Encendió la televisión y esperó noticias. Se levantó y se dirigió a la escalera a buscar la carpeta que había dejado. Se sirvió un te. Se sentó en el piso a esperar.

A las doce menos diez Renacer anunció: "Llave número 4 abierta. Solo queda una" Ya falta poco. Pasaron otros cinco minutos a lo sumo y otra vez la voz de Renacer, "Llave número 5 abierta. Se inicia el proceso".

La noche

En el local de la AFIP María levantó el teléfono para llamar a sistemas. Algo estaba fallando. En el medio de la pantalla apareció la figura de Pacman comiendo poco a poco los datos que estaba consultando con el sonido característico de ese juego. Un virus en su terminal tal vez. "No puede ser", le aclararon en sistemas. "Un momento" pide el técnico que recibe otra llamada por el mismo problema de otro usuario. Después de otro y otro; María podía oír como les respondía cada vez gritando más. Su llamada se cortó y no pudo volver a comunicarse. Salió de su oficina y vio que los pasillos estaban llenos de empleados comentando lo que pasaba. En todas las pantallas de la agencia 51 Pacman hacía lo mismo que en su computadora.

"No es sólo nuestra agencia" dice el director cruzado de brazos, sosteniéndose el mentón y mirando hacia el piso. "¿Algo se está comiendo los datos?" preguntó alguien. "No creo, debe estar atacando a las terminales, nosotros no tenemos acceso real a las bases de datos".

Los botones de los teléfonos empezaron a titilar. Un empleado comprobó que tampoco funcionaban más.

En el televisor el Canal del País se veía un partido de fútbol. La luz se cortó después de media hora. La gente empezó a salir a la calle. Había una gran muchedumbre que venía de otras oficinas como el Banco Nación, la Dirección de Rentas de la Ciudad, el Ministerio de Justicia. En todos lados el Pacman parecía al menos haberse comido todo. No había otra información, solo rumores. "Esto es como lo que pasó con GMail", dijo una señora, "alguna falla general, después lo arreglan". Los transeúntes se detenían a preguntar qué pasaba, pero nadie lo sabía. Los locales vecinos siguían funcionando, la farmacia, la parrilla, los edificios de oficinas privados no parecen tener ningún problema.

Algunos empleados se sentaban en el cordón, otros ocupaban las mesas del restorán y de los bares de la cuadra. Esperaron hasta las seis de la tarde, hora de salida, y se fueron a sus casas sin saber todavía cual era la situación ni recibir ninguna comunicación oficial, queriendo en el fondo que el problema se prolongue hasta el día siguiente para no tener que trabajar.

En el subterráneo la gente miraba las pantallas donde anuncian que se ha producido un apagón informático en los sistemas del gobierno nacional y los gobiernos provinciales y municipios. Todo el Estado había quedado desconectado y sin sistemas, hasta los correos electrónicos parecían perdidos, pero estimaban las autoridades que pronto volverían a la normalidad. "Si lo cuentan es porque es grave" gritó un anciano. Después de eso el canal del país siguió con su programación, un documental sobre comida autóctona nacional presentado por la nueva mujer de Fito Páez.

Sebastián recibió otro mensaje de texto anónimo a las siete de la tarde "La ceguera es del cien por ciento. Corte de energía llegó tarde. Informe por favor".

Se puso el sobre todo y salió a la calle. Se cruzó con el portero, intercambió saludos y caminó siguiendo la ruta trazada. Por Julián Alvarez hasta la Avenida Santa Fe. Se dirigió con rumbo al centro, llegó hasta Callao y dobló hacia el sur hasta Avenida Cordoba. Llegó hasta Salguero y volvió a Santa Fe y a su casa. El recorrido duró cincuenta minutos. "Nada particular. 48" escribió en un mensaje de texto dirigido a un número que tenía identificado como "Informe Día Cero". Segundos después recibió un "Ok", borró el registro del mensaje y el número de teléfono.

48 era el número de circuito que debía recorrer para indicar si había visto hechos fuera de lo común, algún signo de problemas. No había visto nada de eso en su caminata. Algunas personas hablaban del apagón, pero nada más.

La madrugada

Había pasado una semana desde el Día Cero. Ni el canal de televisión, ni la radio, ni Tiempo Argentino, los únicos medios que quedaron después de la Ley de Pluralidad de Voces, habían dicho algo preciso sobre la situación o sobre si se terminaría o si estaban trabajando en volver a encender al estado que había desaparecido. Circulaban todo tipo rumores en foros de internet de que no se habían podido liquidar sueldos, ni hacer pagos, ni recibido pagos de impuestos.

La actividad económica siguió desarrollándose de modo normal. Si alguien había decretado un asueto, nadie se enteró. El lunes empezó a repartirse un diario clandestino en el microcentro de Buenos Aires llamado El Zonda. Tiempo Argentino lo denunció en la tapa como una actividad ilegal, que impedía a los demás expresar sus ideas. La nota la firmó la dueña del medio Victoria Vanucci. Recordó que Tiempo Argentino fue designado por ley del congreso como el diario del Pueblo y que si alguien pretendía hacer las cosas de otra manera debía presentarse a elecciones y ganarlas, pero de ninguna manera alzarse contra la ley y la pluralidad actuando por las suyas.

De cualquier manera ese fue el último número de Tiempo Argentino. Los empleados se enteraron de que el estado no podría pagar el Fondo Democrático con el que se mantenía y que a fin de mes no habría sueldos. Hubo una asamblea improvisada, informo El Zonda, después de la cual Vanucci salió del país y el diario cerró. En el edificio se instaló días después un prostíbulo.

En pocas semanas otras publicaciones como El Zonda empezaron a aparecer en todo el país. En algunos casos eran blogs personales que se imprimían y conseguían apoyo publicitario.

Muchas personas conservaban sintonizadores de radio con más de una frecuencia que habían quedado obsoletos desde la Ley de Pluralidad de Voces. De repente encontraron que girando el dial más allá de Radio Nacional había otras estaciones nuevas. Unas con música, otras insultando al gobierno, algunas predicando y anunciando el fin del mundo.

Llevó más tiempo que volvieran a existir otros canales de televisión. Ocurrió cuando cerró canal 7, el canal del país, cosa de la que no se enteró mucha gente porque nadie lo veía. Un grupo de ex empleados jubilados de los viejos canales privados se juntaron y lo empezaron a operar como TV Libertad. Pronto ganó audiencia y apareció la competencia.

Para entonces ya se sabía que el 24 de Febrero un ataque organizado por un grupo aún no identificado había destruido los sistemas de todo el estado, borrando todo dato sobre contribuyentes, incluso identidades personales, cuentas de correo electrónico de funcionarios y cuentas bancarias oficiales. No había claves tributarias, ni constancias de declaraciones juradas. Quedaban papeles imposibles de consultar y a fines de marzo una sucesión de incendios acabó con lo que quedaba de las agencias de la AFIP.

Cuando el ataque comenzó el presidente fue informado y atinó a ordenar que se cortara el suministro eléctrico de toda oficina pública empezando por la AFIP. Pero fue inútil, nunca pudieron recuperar un solo dato. Las oficinas públicas se vaciaron, no existía recaudación, por lo tanto tampoco pago a proveedores ni empleados.

Por todo el país el campo, el comercio y la industria florecieron sin impuestos, sus rendimientos cambiaron por completo, subían los salarios. Fueron los comerciantes de la calle Florida los que tomaron la iniciativa que imitaron muchos después para mantener la seguridad. Formaron una cooperadora para sostener el funcionamiento de la comisaría. Decidieron cambiar los uniformes y mejorar el equipamiento. El índice de delitos se redujo casi a cero.

En Córdoba los supermercados fueron los primeros en hacer circular una moneda que remplazó al peso. Los intercambios comenzaron a hacerse con metales, billetes emitidos por empresas o electrónicamente.

Se organizaron centros educativos con una enorme variedad de orientaciones y para todos los presupuestos.

En Facebook un grupo de abogados constitucionalistas se convirtió en referencia para la solución de temas prácticos. Ahí surgió la idea de que los jueces que había quedado sin trabajo ofrecieran sus servicios para resolver conflictos privados de acuerdo a sus criterios. Se informaba sobre cómo los jueces iban resolviendo conflictos y había largos debates sobre cada tema. Se dieron consejos para organizar las tareas de limpieza y mantenimiento de los espacios públicos. Aparecieron distintos modelos de organización en la ciudades y a medida que se ganaba experiencia y se conocía que en alguna ciudad o barrio les había ido bien siguiendo alguna idea, la imitaban otros.

A los encargados de resolver los problemas comunes se les llamó por regla general intendentes. Eran verdaderos empresarios ofreciendo sus servicios y convenciendo a la gente de financiar sus actividades. Había plata para todo, no había impuestos de ninguna naturaleza. Fue el primer consenso general el de no establecer impuestos nunca más. Cualquiera que quisiera participar en la vida pública debía aceptar que los únicos fondos con los que podía contar eran los que fueran pagos por servicios consentidos de manera expresa y aportes voluntarios que debía obtener convenciendo y mostrando resultados.

El presidente Scioli siguió llamándose a si mismo presidente en su página web, pero no tenía ningún atributo del poder. La quinta presidencial de Olivos fue convertida en Parque de la Libertad por los vecinos, después de que fuera rematada por falta de pago por la empresa proveedora de electricidad ante el juez arbitral y donada para el uso común. Después de eso Scioli se trasladó a la casa del del Abasto donde ejerció como Intendente del barrio algunos meses hasta que fue desplazado por otro empresario.

La Fundación Justicia y Libertad llevó a cabo una colecta en todo el país para el mantenimiento de las cárceles con mucho éxito. Encargaron la administración a distintas empresas. Había temor de que Cristina Kirchner y los dos mil setecientos presos por corrupción y abuso del poder escaparan del país, pero eso no sucedió porque los aportes para sostener el sistema fueron masivos. Hubo más de un intento de linchamiento, pero los intendentes de la zona pudieron contener a la población y todo se calmó.

Google comenzó a proveer servicios como registros de propiedad y documentación para viajes. Después lo hicieron Yahoo y Facbook y Apple lanzó ICity, un dispositivo para peticionar y votar identificando a la persona que participaba.

La mañana

La Asociación de Intendentes del Río de la Plata se encontraba en pleno funcionamiento nueve meses después del apagón. Designaron un Ministro Plenipotenciario de las Intendencias del Río de la Plata que se encargó de llevar adelante las relaciones internacionales, la venta de las embajadas en todo el mundo y el reparto del producido entre la población.

Las embajadas fueron reemplazadas por una cuenta Premium ilimitada de Skype para el Ministro Plenipotenciario.

La IRP decidió en su segunda asamblea anual no aceptar la invitación a formar parte de las Naciones Unidas. Se trataba de un organismo destinado a desaparecer, como el resto de las organizaciones multiraterales después de que el Apagón Argentino, como se lo había designado en Wikipedia, se repitiera en Brasil, Alemania, Sudáfrica, Australia, Venezuela, Ecuador, Mexico, Cuba, Irán, Corea del Norte y Canadá. Desde Francia llegaban noticias ese mismo día de que el movimiento Gerard de Pardieu estaba detrás de la desconexión del estado bajo el lema Paz, Libertad y Amistad.

Todo indicaba que el movimiento continuaría en el resto del mundo. Distintas entidades de intendentes de los distintos países y cosas parecidas establecieron relaciones a través de un foro público en Internet.

En 2025 se estrenó el Himno al 24 de Febrero, cantado por Madonna en el teatro del mismo nombre, ex Congreso Nacional.

Organización de Personas Unidas

Sigo con el mismo tema de ayer. Las declaraciones de derechos constitucionales fueron el último eslabón de una cadena de cambios en las relaciones de poder. Por desgracia el peso de los aparatos estatales a la larga produjo su propia cadena de cambios pero en sentido contrario, por eso hablar de los derechos individuales suena fuera de tiempo.

El interlocutor no comprometido con la idea a lo sumo escuchará con interés lo que se le dice, pero no lo tomará como su tema. En su mundo la cuestión es qué cosa linda se puede hacer usando el garrote del poder, porque pensar que las personas resuelven por si mismas los problemas sin necesidad de alguien que los ponga en raya es casi una superstición, creer en la magia de una mano invisible. No puede ser, siempre debe haber un organismo velando por nuestras acciones, dados nuestros defectos, bajo el supuesto no del todo consciente de que por suerte los organismos están formado por una gente de una categoría superior. Esos que para nosotros son empleados públicos tomando el desayuno arriba de un expediente viejo.

Los derechos de los que le hablamos ponen en juego la

seguridad virtual del estado protector. Que no es tal, se lo podemos mostrar tantas veces, pero en sus genes está la memoria de todos sus antepasados creyendo en lo que no pueden ver. Creyendo más en lo que no pueden ver que en lo que pueden ver y quemando a los que ven. Así que la cosa está difícil. Encima si los organismos son internacionales, la sensación de control es mayor. No es lo mismo que nos alarme y clausure la alarma la Organización Mundial de la Salud con un virus que va a terminar con la humanidad, a que lo haga el médico de la esquina que es de carne y hueso, como nosotros, va al baño, come golosinas.

Desde aquellas alturas piensan en nosotros, nos protegen, los mismos de los cuales nos teníamos que proteger hasta que todo el mundo se compró el mito de la seguridad que nos provee el que lleva el garrote en la mano, reemplazando a una divinidad menos exitosa. Los tratados requieren muchos hoteles cinco estrellas y viajes en primera clase. Gente que no se arregla con unos sandwichitos de miga ¿A quién le importa semejante detalle? Después se harán las comisiones, y los viajes de control para hacer informes y ponerlos en la página web. Se le dirá a los redactores que no pongan nada demasiado definido, alguien se puede enojar. Plata; la plata que se paga con impuestos. Mientas se cede el ámbito de discusión de nuestra libertad, no vayan a esperar una declaración de derechos frente al fisco, una prohibición de prohibir actividades privadas o la facultad de consumir lo que se le cante al que lo quiera consumir sin violar los derechos de otros. Menos algo que nos proteja contra las regulaciones de internet, las trabas al comercio virtual. No, ahí se hace diplomacia y con los socios del sindicato, los gobiernos que eran el gran problema de nuestra libertad y ahora son nuestros papás, no hay que meterse.

Entonces creo que es hora de no dejar la definición de nuestros derechos ni su pretendida universalidad en manos ni de gobiernos, ni de entidades, ni de gente entrenada para no tener principios ni pasiones, en el acomodo, en esquivar los problemas.

Si el poder está ahí, transferido al lugar donde no hay vestigio alguno de democracia ni menos de controles republicanos, será ahí donde habrá que centrar los reclamos. Las personas del mundo que quieren ser libres, tendrán que actuar juntas, dejar de creerse las banderas, esas jaulas para primates que son las fronteras e iniciar un movimiento global que obligue a toda esta comparsa a frenar su carro.

Algo como una Organización de Personas Unidas que se protejan de sus protectores.

Les devuelvo los derechos humanos, devuélvanme los derechos individuales

Derechos humanos se llama a los que se originan en el derecho internacional a través de tratados. El apelativo "humanos" tiene la pretensión de darle universalidad a esas declaraciones, de beneficiar a cualquier persona bajo cualquier bandera sin importar el tipo de régimen político al que están sometidas.

Se trata de una universalidad sólo política por pertenecer a un orden multilateral que traspasa las fronteras. A diferencia de la universalidad conceptual que solo pueden alcanzar los derechos individuales, aquellos históricos que protegen de la arbitrariedad y que al pertenecer al ámbito interno de los países, intervienen en la relación entre el poder y las personas quiénes a su vez tienen todas el mismo status jurídico de individuos libres. Unos expresan una oda a lo humano según un estándar idealista y compartido y otros la libertad de personas, individuos en concreto tal cual son, que hacen cosas por si mismos aunque no quieran los otros humanos que las hagan o no les sirva.

Los derechos humanos nacen con la Carta de las Naciones

Unidas, por iniciativa de los vencedores de la Segunda Guerra Mundial, un país totalitario y el resto con una tradición genérica de libertad. Los derechos humanos los igualaban sin que los contratantes exigieran desarmar el totalitarismo ni a la Unión Soviética ni a ninguno de los países que formaron las Naciones Unidas o los que se incorporaron después. Los derechos humanos por lo tanto, la Carta y todos los tratados que firmaron esos países tuvieron el primer efecto de legitimar las situaciones existentes de ausencia absoluta de libertad.

El segundo fue que las declaraciones tenían que conformar a todos los estados, pero son los estados los que atentan contra la libertad. Confiar en ese derecho internacional es como esperar que las cámaras empresarias manejen la libertad de comercio. Los derechos individuales son relaciones entre los estados y las personas beneficiarias. Los derechos humanos produjeron una ruptura en la legitimidad de los límites al poder, ya no los ponen o no se manifiestan frente a quienes padecen la arbitrariedad, sino los pares, el conjunto de los abusadores quienes paternalmente se dedican a la declamación poética sin intervención de los supuestos protegidos.

Con ese punto de partida el desarrollo histórico de los derechos humanos fue bastante previsible. Los estados totalitarios y sus grupos afines aplicaron la fórmula con la que el legitimismo monárquico desafió a la idea de la libertad individual: "Reclamo de vosotros y en nombre de vuestros principios, la libertad que os niego en nombre de los que me son propios", frase atribuida a Luis Veuilliot que expresa a la perfección lo que la izquierda autoritaria ha venido realizando con los derechos humanos.

Los derechos humanos no quedaron en manos de esa izquierda revolucionaria porque haya algo en ellos que este cerca de su pensamiento. Todo lo contrario, mientras para los antiliberales es un gran negocio invocar principios que no cumplirán, para los liberales es un pésimo negocio invocar fórmulas genéricas, declaraciones huecas o derechos colectivizados cuando no directas habilitaciones al poder sin límites en nombre de los "derechos de la humanidad", frente a los cuales encima la libertad de las personas en concreto debe ceder. Miremos lo que ocurrió en la Argentina en el año 1994, los tratados internacionales de derechos humanos fueron incorporados como derecho interno en un país mucho más libre en su constitución que cualquier tratado y sobre todo que cualquier autoridad internacional operada por los antiliberales, y las declaraciones, derechos y garantías quedaron convertidos en letra muerta. Hoy los jueces se dedican a aplicar el castigo de los dioses a los avaros que no ceden sus bienes y trabajo a cualquier necesidad en nombre de la bondad colectivista universalizada. Iniciativa de Elisa Carrió como convencional, dicho sea de paso.

Pasadas unas décadas estamos en que los derechos se definen en el nivel internacional y los ciudadanos ya no existen, no tienen injerencia alguna en esa materia. Los estados se dedican a inaugurar cuotas de poder para organismos en favor de las masas, se supone, a costa de minorías poco generosas, muy individualistas en sus formas de elegir, discriminatorias.

Los derechos humanos poseen una forma de legitimidad antiliberal. Por más que muchas veces digan cosas como que se prohíbe la tortura, lo cual está más que bien, el origen de esta declaración proviene de los aparatos políticos que están en condiciones de ejercer la tortura y han decidido apiadarse de nosotros, por ahora, mientras puedan usar la misma vía de legitimidad para esquilmarnos. Al lado de la prohibición de la tortura, que ya estaba prohibida en cualquier constitución liberal, nos imponen definiciones de la propiedad con las cuales la propiedad no existe (el tratado de San José de Costa Rica define propiedad con las mismas palabras con que lo hacía la constitución soviética, como el derecho al mero uso de los bienes), fórmulas para definir la libertad de expresión como "derecho a la información" que supondrá el control que ejercerá el enemigo de la información libre, el estado, sobre empresas que puedan competir con su poder.

Esta es la gran trampa que el siglo XX le deja al siglo XXI. Por más que los derechohumanistas antiliberales estén ahora en el poder y podamos usar nosotros de manera oportunista la frase de Veuilliot porque tampoco respetan, como nunca pensaron hacerlo, los derechos que invocaban en nombre de nuestros principios, la libertad que expresaban nuestras constituciones son un recuerdo del pasado.

El trabajo es liberarse de los sindicatos de gobiernos que son más peligrosos que los gobiernos solitos limitados a su espacio.

Es el momento en el que está claro que las personas en particular no tenemos nada entre las manos, como si no fuéramos humanos. Por eso pese a todo me planteo un cálculo optimista y sospecho que en diez años podemos juntar diez millones de personas en el mundo que digan: les devuelvo sus derechos humanos, devuélvanme mis derechos individuales.

Los lacayos demuestran lo que quieren desmentir

Muy enojados los chavistas en las redes sociales con mi comentario de ayer que salió publicado en Infobae.com. Me desearon la muerte, uno me dijo que esperaba que se me muriera un hijo, me llamaron rata, mediocre, ignorante y otras cositas menos elegantes aún. Y todo para demostrar que ellos en verdad son democráticos y yo estoy lleno de odio.

Este caldo, esta preparación para el lanzamiento sobre el denunciante que los muestra con el cuchillo entre los dientes es el tipo de clima que generan estas dictaduras, el enojo con cualquier espejo que les devuelva su imagen.

Ayer para rematar la confirmación el canciller, vicepresidente y heredero al trono de Venezuela Nicolás Maduro se presentó al público en la sede del poder central, en La Habana, para desmentir rumores sobre la muerte del dictador o su estado de coma inducido según había informado en sitio del diario ABC de España.

El secretismo del régimen tiene por objetivo que el público no tenga acceso a la información. El temor es que si se supiera lo que hacen, lo que les pasa, lo que ignoran, lo que improvisan, su poder se desvanecería. Por eso la política tiene que estar acompañada de la devoción y los gritos de lealtad diarios son la respuesta a la demanda del centro de poder de recibir confirmación de que nadie está preparando para ellos una guillotina. Es la prístina potencialidad de la traición lo que se combate todo el tiempo con adulación.

Los creyentes, como los chavistas que competían por los calificativos ayer, se sienten muy alterados cuando sus santos son tocados. Pero sobre todo les da miedo no insultar porque alguien puede sospechar que están de acuerdo con lo que leen, tal es la desconfianza en la que viven. Necesitan creer y su religión es tan tonta que cuando alaban al mandamás a cada paso tienen que exagerar sus demostraciones para creerlas ellos mismos.

Para la gente racional la necesidad es la información y cuando no la hay no queda más remedio que la especulación o la búsqueda del dato que se cuela y del rumor. El secretismo es el que provoca los rumores y a su vez el régimen, con un método que tienen bien aceitado en la dictadura cubana, utiliza la desorientación que ellos mismos provocan y los inevitables pasos en falso como un argumento para desprestigiar a la función periodística.

Maduro dice ayer que Chávez le pidió que diga la verdad siempre, pero no cumplió la promesa. Hizo un programa grabado con una entrenada sirviente del gobierno comunista de Cuba sin dar información, insinuando que Chávez estaba vivo pero sin mayores precisiones, salvo de las malas intenciones de la derecha. Los chavistas y el mundo terminaron de ver al delfín y tuvieron mucho más claro cuales eran esas malas intenciones de la derecha, llena de odio y alterada mentalmente (el formato es cansador y repetido, todo lo que hay fuera del sistema es locura y odio), que el estado de salud de su profeta.

Es grotesco argumentar que tienen un comandante infalible que no puede ser criticado ni cuestionado pero que no es un dictador, mientras ellos van hasta uniformados. Si ellos quieren un dictador, sería ridículo que no lo tuvieran.

Ayn Rand hablaba de dos perspectivas opuestas para ver al mundo. Una la de la supremacía de la existencia, la aceptación de que hay una realidad externa que puede conocerse y debe aceptarse para poder operar sobre ella. La otra es la de la supremacía de la consciencia, que consiste en dar preeminencia a la voluntad sobre la realidad, para moldearla y transformarla sin limitación, donde lo importante son la fe y la lealtad al credo. En la Argentina le llaman "relato", pero no como un punto de vista y unos supuestos que están siempre presentes en cualquier argumentación sobre la realidad, sino directamente como un capricho cualquiera que conviene al poder y debe ser aceptado mediante intimidación, engaño, amenazas o insultos a los que no lo repitan. Un mantra oportunista del día a día.

Estamos en la política volviendo a una forma de misticismo y devoción, con mucho pedido de inquisición a los herejes. Es la forma en que ha vivido la humanidad casi siempre salvo el reciente y muy corto período liberal. Podemos involucionar, de eso no hay duda.

Pero a su vez es una gran oportunidad para explicar lo que está ocurriendo, denunciar a los déspotas y a sus sacerdotes aguantándose sus insultos porque el único destino que tienen es el de fracasar dado que la humanidad no tiene posibilidad económica de volverse al oscurantismo general sin provocar una gran matanza. Y nadie va a suicidarse, esto va a cambiar mucho antes de ser comprendido.

Los dictadores también se mueren

El mundo festeja el nuevo año y la pregunta que flota es si Hugo Chávez Frías, dictador electo de Venezuela, vive o no vive. A mediados de diciembre viajó a La Habana a someterse a la cuarta operación del cáncer que lo aqueja y como en todo régimen oscuro la información sobre su salud se ha convertido en un secreto de estado. El vicepresidente Nicolás maduro pasó el fin de año junto a su amo y señor y se limitó a informar que su estado es delicado.

Las dictaduras necesitan un grado de obediencia muy superior al de los países con libertad. Los liderazgos no son reales, sino un artificio fruto de la restricción, el impedimento a la gente de informarse y opinar, la persecución y el ahogamiento económico de la disidencia y el endiosamiento del mandamás. El dictador no puede ser un simple mortal porque entonces no se le permitirían sus caprichos con tanta facilidad.

Los dictadores viven atormentados por el terror porque se saben enemigos de todos aquellos a los que hacen infelices, a los que roban y dañan. Son conscientes de ser ladrones y cobardes y por lo tanto nada de eso puede saberse. Ante la duda todo es secreto porque las dictaduras son Cajas de Pandora potencialmente explosivas.

Por eso es que un sistema por antonomasia anti dictatorial como la república contiene entre uno de sus elementos esenciales el de la publicidad de los actos de gobierno (junto con la división de los poderes, la periodicidad de los mandatos, los derechos individuales y la representación). Es un sistema basado en la cosa pública. La información abierta y disponible para todos es uno de los antídotos para proteger la libertad de los gobernados.

La democracia en cambio es un sistema menos antidictatorial. Es una manera de formar gobierno basada en la soberanía popular. Se trata de una forma de legitimar al poder por medio de una entelequia llamada pueblo. Pueblo no es la mayoría, sino la totalidad de los ciudadanos en igualdad ante la ley. Un gobierno democrático es algo más que un gobierno elegido, es un gobierno del pueblo y, como agregara Abraham Lincoln en un famoso discurso, por el pueblo y para el pueblo.

La mayoría es apenas una regla de resolución de las diferencias internas, pero no es una base de legitimidad. La legitimidad se encontrará en que el gobierno ejerza sus funciones en nombre y con responsabilidad frente a todos. Lo hará con sus criterios, pero lo hará de manera en que no pueda dudarse de que lo hace por todos, según su leal saber y entender. Porque dudar de esa intención es dudar de la legitimidad democrática de quién ejerce la representación.

Por eso es que la democracia es más que una forma de

elección, es una forma de gobierno que debe mantenerse a lo largo de todo el mandato. Es menos antidictatorial que la república porque tiene menos elementos por si misma de prevención del abuso del poder, pero es suficiente para descartar cualquier forma de conflicto interno. Un gobierno que elige apoyarse en una parte del pueblo y ejercer el poder contra otra, no es un gobierno democrático. En una democracia en que existe ese colectivo de gente igual ante la ley, igual de ciudadanos, igual en su porción de soberanía, no puede el gobierno ser el instrumento de una lucha interna, ni de clases, ni de ningún otro tipo de facción.

La legitimidad de un gobierno de la mayoría en contra de la minoría se pierde, porque la minoría deja de tener motivos legítimos para obedecer y respetar los criterios de ese gobierno.

Los chavistas y sus amigos en Latinoamérica se enojan mucho cuando se llama a Chavez dictador. Ellos se sienten los herederos del socialismo que han encontrado que pueden ganar elecciones y por lo tanto ser democráticos. Todas sus intenciones de acabar con la libertad y con la propiedad parecen tener ya un un cauce por el hecho de que con una cuota de demagogia importante pueden llegar al poder, para después agregarle una cuota grande también de restricción a la libertad de opinar, de informar, una buena dosis de persecución y espionaje interno, salvaguardados por la voracidad fiscal internacional que les da permiso para hacer lo que hace unas pocas décadas hubiera sido considerado atroz, como es instalar el ojo del gran hermano en cada ingreso y gasto de las personas y meterse en sus billeteras. Con todo eso creen haber encontrado el aval para un gobierno abusivo al que habrá que someterse más allá de la amenaza por razones hasta morales.

Malas noticias, no lo han logrado. Antes enfrentaban a la democracia y mucho más a la república, por considerarlas con sentido común como sus grandes enemigas. Con el descubrimiento de que pueden ganar elecciones y con mayor facilidad reelegirse habiendo acogotado o corrompido a buena parte de la sociedad y que esquilmar a la gente se llama ahora financiar al estado, creen que se ganaron el derecho a realizar todo tipo de crímenes, pero todo es una máscara sin ningún valor. Tanto lo saben, que se enojan mucho cuando se los recuerda.

No hay nada incompatible entre un gobierno de la mayoría, que ya aclaré que no es una democracia, y una dictadura. Son en realidad amigos ideales. La dictadura consiste en una voluntad que se impone sobre los demás, una voluntad que abusa, que no está sometida a ninguna regla. Hay características que las hacen fáciles de reconocer, como el oscurantismo, el culto a la personalidad, la corrupción, la existencia de impunidad para los que están cercanos al poder, la división de la sociedad y el generar enfrentamientos internos, el fanatismo, el uso de lenguaje bélico para referirse a opiniones diferentes, la propaganda, el uso de los recursos públicos en provecho del gobierno y contra los opositores, el pánico a la crítica. Una mayoría puede elegir eso, y es fácil inducirla a elegir eso si el estado es puesto al servicio personal del gobernante y reparte subsidios y utiliza el empleo público como una forma de esclavitud, si agita a las masas con fantasmas y enemigos.

El límite con el que se encuentra es que para llevar a cabo la instalación de una dictadura, el gobierno de la mayoría necesita de un insumo que es el ataque a distintas minorías o individuos que actuarán de combustible, lo que hace que la representación del todo llamado pueblo desaparezca. Con eso también la obligación de las minorías de obedecer y hasta su deber de resistir. Un gobierno de la mayoría puede romper con esa forma de paz que es una democracia verdadera.

Chavez es, o ha sido, un dictador con todas las letras. Buena parte de la población de Venezuela se encuentra en el exilio, ha destruido el derecho de propiedad, maneja a los empleados públicos como sus esclavos y conduce una declarada y abierta guerra interna. Es el vencedor de una forma de guerra civil que él abrió y mantuvo abierta. El suyo ha sido un gobierno ilegítimo, por más que haya sido ratificado mil veces por la mayoría en la medida en que hayan sido reales los resultados y aún si no nos importara el fraude sistémico de utilizar los recursos públicos para comprometer la libertad de los ciudadanos al votar con dádivas y propaganda falsa.

El propio diccionario de la Real Academia Española que a veces no es demasiado preciso a la hora de definir términos políticos habla de la dictadura de un modo en el que se verá, no es para nada incompatible con la existencia de elecciones:

1. f. Dignidad y cargo de dictador.

2. f. Tiempo que dura.

3. f. Gobierno que, bajo condiciones excepcionales, prescinde de una parte, mayor o menor, del ordenamiento jurídico para ejercer la autoridad en un país.

4. f. Gobierno que en un país impone su autoridad violando la legislación anteriormente vigente.

5. f. País con esta forma de gobierno.

6. f. Predominio, fuerza dominante. La dictadura de la moda.

Tenemos un Chávez elegido y cayendo de manera exacta bajo las acepciones 3 y 4 y como consecuencia también en las otras.

Debe notarse que la acepción número 4 señala con mucha precisión esto de la violación de la legislación anteriormente vigente. Esto descarta la legitimidad de una revolución en democracia. Una revolución es un quebrantamiento del orden jurídico, la aplicación de leyes nuevas con retroactividad afectando derechos es un acto dictatorial, el utilizar el poder del estado para arrasar con el sistema constitucional anterior para perpetuarse en el poder, también es una forma de ejercicio dictatorial del poder, una forma de no reconocer crímenes y de creerse el gobernante que él es el que "dicta" las reglas de juego sin límite.

Ninguna elección avala crímenes, ningún plebiscito hubiera stantificado los campos de concentración nazis ni hubiera hecho ilegítimo resistirlos o escapar de ellos.

En una dictadura siempre habrá una enorme asimetría entre quienes se encuentran en el poder y los demás. Incluso la mayoría será a lo sumo una masa sometida a los límites de un criadero, será parte importante del pueblo sometido y su adhesión no será una muestra de libertad sino una prueba más de la existencia de la dictadura. Una dictadura podrá ser elegida eternamente con el voto mayoritario, pero siempre será un gobierno **de una minoría privilegiada que vive a expensas de los demás.**

INDICE

SOBRE EL AUTOR

JOSE BENEGAS es un abogado argentino, analista politico e institucional, Master en Economía y Ciencias Políticas de ESEADE con diploma de honor. Es director del Interamerican Institute For Democracy en Miami, Estados Unidos. Ganó el 2do Premio Caminos de la Libertad (TV Azteca, México). Ejerció el periodismo de opinion en gráfica, television y radio.